Katja Siekmann

Grund- und Orientierungswortschatz für die Primarstufe

Häufigkeitsbasierter Wortschatz, Phonem-(Basis-)Graphem-Korrespondenzen, Fehlerverteilungen und didaktische Implikationen

Band 2
Vokale

Siekmann Verlag

Für Sonja

Bibliografische Information der Deutschen Nationalbibliothek:
Die Deutsche Nationalbibliothek verzeichnet diese Publikation in der Deutschen Nationalbibliografie; detaillierte bibliografische Daten sind im Internet über http://dnb.dnb.de abrufbar.

Cover & Illustrationen: Laura Dajana, Frankfurt a. M. (www.LauraDajana.com)

Herstellung: BoD – Books on Demand, Norderstedt

ISBN: 978-3-9823973-7-5

Band II: Vokale

Einleitung 5
Zu den *Vokal*-Phonem-Graphem-Relationen 14

Wortschatz, Phonem-Graphem-Relation(en) und Fehlerverteilung zu:

1 /œ/ 19
2 /ø:/ 22
3 /ɛ:/ 26
4 /y:/ 31
5 /ʏ/ 36
6 /ɔ͜ʏ/ 39
7 /u:/ 44
8 /o:/ 49
9 /a͜u/ 55
10 /ɔ/ 59
11 /ɛ/ 63
12 /ʊ/ 70
13 /e:/ 75
14 /a͜ɪ/ 83
15 /a:/ 89
16 /i:/ 95
17 /ɪ/ 104
18 /a/ 109
19 /ə/ 115

Literaturverzeichnis 124
Überblick: Phonem-Graphem-Verhältnisse *Vokale* 128
Überblick: Ph-G-Verhältnisse *Vokale & Konsonanten* 130
Liste der 100 häufigsten Wörter und Zusammenschluss 133

Oft können wir das Einfache
einfach nicht begreifen,
weil es uns einfach zu einfach erscheint.
Ernst Ferstl

Danksagung

An dieser Stelle möchte ich, wie in Band 1, Prof. Dr. Günther Thomé und Dr. Dorothea Thomé für die jahrelange Unterstützung und Bestärkung danken. Diese Auszählung stellt eine Erweiterung der (erstmals vor einem Jahrzehnt veröffentlichten) gemeinsamen Häufigkeitsauszählung dar und soll die Ergebnisse noch greifbarer für die schulische und außerschulische Praxis aufbereiten.

Mein Dank gilt zudem den ehemaligen (Projekt-)Mitarbeiterinnen, Laura Dajana (Illustrationen & Cover) und Daniel Autenrieth (Homepage) für die sehr gelungenen Arbeiten und allen, die mit mir in moralischer, kollegialer und/oder freundschaftlicher Weise verbunden sind und an mich und dieses Projekt glauben.

Katja Siekmann

Schönau am Königssee im November 2023

Einleitung[1]

Die statistische Auszählung von Wortschätzen als auch die Auszählung von Fehlschreibungen[2] haben eine über hundertjährige Tradition. Auf der Basis dieser Ergebnisse sind u.a. standardisierte und informelle Rechtschreibdiagnoseverfahren entstanden, aber auch die neueren Grund-/Mindestwortschätze der Bundesländer in Deutschland, ungeachtet dessen, dass keine *aktuelle* Häufigkeitsauszählung zu dem genutzten Schriftwortschatz von Schülerinnen und Schülern (im Folgenden: SuS[3]) vorliegt (vgl. u.a. Siekmann 2021; Hoffmann-Erz 2019). Die vorliegende Arbeit soll diese Lücke auf spezielle Weise schließen: Es geht nicht nur um die Auszählung des Wortschatzes und der enthaltenen Fehlschreibungen. Es geht vielmehr darum, den Wortschatz auf der kleinsten sprachlichen Ebene zu betrachten und davon ausgehend didaktische Grundüberlegungen für eine konzeptionelle Neugestaltung des Anfangsunterrichts anzubieten.

Warum sollten Häufigkeiten im Schreibwortschatz von SuS im Anfangsunterricht beachtet werden?

Die deutsche Schriftsprache ist regulär aufgebaut und sollte SuS nach einem aufbauenden Prinzip vermittelt werden (Thomé & Thomé 2023). Aufbauend im Sinne von Comenius (1657/1992)

---

[1] Wenige Ergänzungen/Änderungen zur Einleitung aus Band 1 (Siekmann 2023a).

[2] Wortschatz: Mündliche oder schriftliche Korpora, meist Erwachsenensprache, siehe Übersicht u.a. in Naumann (1999); Fehlerforschung: Übersicht in Siekmann & Thomé (2018)

[3] Es müsste vor dem Hintergrund der Auszählung „SchuSch“ heißen; Näheres dazu im Kapitel zum Phonem /ʃ/ in Band 1,

bedeutet, dass vom „**Einfachen zum Komplexen/Schwierigen**" gelernt werden sollte.

Was kann bei der Schriftsprache als „einfach" und was als „schwierig" bezeichnet werden?

SuS gehen zunächst von der Lautung eines zu schreibenden Wortes aus und müssen entsprechende Re-präsentanten auf der Schriftebene kennenlernen. Eine größere sprachstatistische Analyse zu den Phonem-Graphem-Relationen zeigte, dass es grundlegende und **häufige Repräsentationen für ein Phonem** gibt (**Basisgrapheme, kurz: BG**) und mintunter auch andere, **statistisch seltenere Grapheme**, die sich auf dasselbe Phonem beziehen, die sog. **Orthographeme** (kurz: **OG**).[4]

90 % aller Grapheme in Texten sind Basisgrapheme.

Seltene Schreibungen wie die Doppelkonsonanz oder die Längemarkierung der Vokale bilden zusammen rund 5 %, die Wahrung des morphematischen Schemas (Wortstammschreibungen) bzw. historische Formen bilden ebenfalls lediglich 5 % der Grapheme ab (**Orthographeme** somit insgesamt **10 %**; vgl. u.a. auch Thomé 2019, Corvacho del Toro 2017).

Die **deutsche Schriftsprache** weist zudem eine sog. ‚**degressive Struktur**' auf. Degressiv bedeutet, dass verhältnismäßig wenige Wörter einen großen Teil deutscher Normaltexte ausmachen. Nach Spitta (2000) decken die 100 häufigsten Wörter ca. 50 %

[4] vgl. Thomé, Siekmann & Thomé (2011/2016; 100.000er-Auszählung, Erwachsenentexte). Thomé hierzu bereits in den 90er Jahren; ebenso Naumann, der für die Unterscheidung die Bezeichnungen *Mehrheits-* und *Minderheitsschreibungen* prägte (vgl. auch Naumann 2017).

(vgl. S. 133: **knapp 56%**! auch in Siekmann 2023a), die 1.000 häufigsten Wörter 80 % eines Textes ab. Die meisten der 100 häufigsten Wörter (Spitta führt die Meier'sche Zählung von 1967 (!) an, der sich auf Kaeding (1898) bezog) sind **Struktur- oder Funktionswörter** wie *Artikel, Pronomen* und *Konjunktionen* (vgl. u.a. Augst & Dehn 2009, Siekmann 2022a,b & 2023a,b). Für die Rechtschreibung bedeutet dies: Wird die Orthographie dieser Wörter beherrscht, ist ein erheblicher Teil eines Textes korrekt verschriftet.
Aus didaktischer Sicht wäre somit eine Mischung aus häufigen Wörtern (Struktur-/Funktionswörter) und (über-)individuellen Lernwörtern mit orthographisch aufbauendem Charakter (von Basis- zu Orthographemen/häufige Modell-/Ankerwörter) sinnvoll. Anzustreben wäre somit ein Anfangsunterricht, der die Häufigkeiten im Schreibwortschatz beachtet und somit einer entwicklungsorientierten und lernpsychologisch logischen Progression folgt. Materialien für den Anfangsunterricht bieten diese basale Orientierung bisher nicht, vermutlich auch, weil die Sprachdidaktik der empirischen Grundlagenforschung bei der Entwicklung von Vermittlungsmöglichkeiten bisher wenig Beachtung geschenkt hat.

Forschungsfragen

Die grundlegenden Forschungsfragen dieser Auszählung lauten:

- Welche Phonem-Graphem-Relationen sowie Wörter/Wortbausteine sind häufig und sollten im Anfangsunterricht (auch im Hinblick auf die Textproduktion) priorisiert werden?
- Sind die seltenen und weniger häufigen (Ortho-)Grapheme im Vergleich zu den häufigsten Graphemen fehleranfälliger?

Welche sollten mit Blick auf die Textproduktion frühzeitig behandelt werden?
- Beruhen Rechtschreibphänomene wie z.B. die Länge-/Kürzemarkierung auf einer großen Streubreite an Wörtern und/oder lassen sich überindividuelle Modell-/Ankerwörter eruieren?

Aus den gewonnenen Erkenntnissen sollen didaktische Implikationen für die Förderung in der Praxis abgeleitet werden. Es handelt sich somit um eine praxisorientierte, sprachwissenschaftliche Grundlagenforschung, die der Professionalisierung von schulischen und außerschulischen Lehrkräften dienen soll (vgl. auch Siekmann 2021). Auch Schulbuchverlage sind eingeladen, die Materialien in Bezug auf die Ergebnisse zu überdenken.

Korpus

Das Korpus besteht aus rund 1.000 Texten von knapp 250 SuS der 3.-5. Jahrgangsstufe (neun komplette Klassen unterschiedlicher Schulen aus NRW). Bei den Schreibprodukten handelt es sich überwiegend um freie Texte (Erlebniserzählungen, Briefe, Phantasiegeschichten, Berichte usw.), einige wenige Texte entstanden auf der Grundlage von sehr offenen Bildimpulsen.[5] Hilfestellung für die SuS gab es weder im Hinblick auf orthographische, lexikalische noch textstrukturelle Aspekte.
Die Texte wurden zunächst digitalisiert (Abschrift mit und ohne Fehlschreibungen) und im Anschluss manuell nach der Ziel-

[5] Was bedeutet „frei“ im Rahmen einer (schulischen) Institution? – Die Frage wird in Diskussionen um die Auszählung (zu Recht) gestellt. Freie Textprodukte von 250 SuS außerhalb der Institution zu erfragen, wäre jedoch organisatorisch schwer umsetzbar gewesen und die Lehrkräfte erhielten zumindest detaillierte Lernstandsrückmeldungen.

setzung der Analyse quantitativ und qualitativ ausgezählt (Wortschatz allgemein/Wortschatz zusammengefasst, sprich: Flexionsformen zusammengezogen; Phonem-Graphem-Korrespondenz aller Relationen inkl. der jeweiligen Fehlschreibungen). Namen wurden während der Digitalisierung bereits gestrichen (analog zur 2011er-Auszählung), da sie nicht regulär nach den Prinzipien der deutschen Schrift gebildet werden (müssen). Eine automatisierte Auszählung war aufgrund von möglichen Fehlinterpretationen zwischen Buchstaben-/Graphem-Ebene nur bedingt möglich.

Beispiel: Der Buchstabe „h“ ist Basisgraphem für /h/ (Haus), würde automatisiert aber auch erfasst in Längemarkierungen wie <ah> (Zahn), wo er keinen Lautwert besitzt.

In der Wortschatzauszählung verteilen sich insgesamt rund 122.000 Wörter (141.000 inkl. Namen) auf 6.741 unterschiedliche Worteinträge. Um die Phonem-Graphem-Ebene zu betrachten sind sämtliche Flexionsformen einzeln erfasst.

Auswertung

Die Häufigkeitsauszählung fand auf drei Ebenen statt (jahrgangsspezifisch; Klassenstufe 3-5):

1) Wort(schatz),
2) Phonem-/Graphem-Relationen sowie
3) Rechtschreibfehler.

Es sollte zunächst jeweils eruiert werden, welche Wörter in freien Texten überindividuell häufig und somit orthographisch zu beherrschen sind. Auf einer tieferen Ebene wurden die Verhältnisse von Basis- und Orthographemen betrachtet sowie deren Fehleranfälligkeiten (Band 1: Konsonanten, Band 2: Vokale;

insgesamt 42 Einzelkapitel entsprechend den Phonem-Graphem-Relationen: 41 plus die Graphemfolge /k/+/v/). Die Fehlschreibungen wurden differenziert nach der Vertauschung 1.) *Basisgraphem für Orthographem*, 2.) *Orthographem für Basisgraphem* und (wenn vorhanden) 3.) *Orthographeme vertauscht*.

Zum Aufbau der Kapitel

1. Die **Kapitelreihenfolge** orientiert sich – wie in Band 1 – an der Häufigkeit der Einträge. Ausgehend von der seltensten Relation (in diesem Band: Phonem /œ/, 504 Einträge) bis zur häufigsten Relation (hier: /ə/, 42.440 Einträge).

2. Die Kapitel sind grundsätzlich (und dies ganz bewusst) **sprachlich und konzeptionell sehr ähnlich aufgebaut**, um eine vergleichbare und auch schnelle Orientierung zu ermöglichen (Wiederholungen wurden somit gezielt eingesetzt). Es muss nicht zwingend chronologisch gelesen werden, die interessensgeleitete Recherche zu einer Phonem-Graphem-Relation ist möglich.

3. Die jeweilige Relation wird in den (in sich geschlossenen) Kapiteln farblich hervorgehoben: **Basisgrapheme** in grün, **Orthographeme** in orange-gelb und weitere Orthographeme, die bei der Vermittlung der Wörter beachtet werden müssen (rötlich, nicht fett). Die Markierungen beziehen sich nur auf die Wörter der Auszählung; die Basis- und Orthographeme der Kapitelrelation werden auch im Fließtext markiert, um ein Gefühl für die Häufigkeiten anzuregen.

4. Im Vergleich zu der 2011-er Auszählung (Erwachsenentexte) sind **Fremdwörter** erfasst, da sie zum Schriftwortschatz der SuS gehören (viele sind regulär nach den Prinzipien der dt. Schrift

aufgebaut). **Namen** wurden dagegen ebenfalls gestrichen, da diese nicht den Konventionen der deutschen Schrift folgen müssen. Für die Basis-/Orthographem-Statistik werden grundsätzlich die Wörter der deutschen Schriftsprache (Wortherkunft an manchen Stellen unbekannt, aber meist eindeutig; vgl. DWDS 2023) gewertet. Fremdwörter werden aufgenommen, wenn es auch Wörter aus der deutschen Schriftsprache mit dem Orthographem in der Auszählung gibt. Dies sind kleine (sicherlich auch anzweifelbare) Überlegungen der Autorin, die sich auf seltene Fälle beziehen, auf die der Fokus der Aufmerksamkeit bewusst nicht lange gelegt werden sollte.[6]

5. Die Fehler zur **Groß- und Kleinschreibung**, die sich auf eine höhere Erwerbsebene (Satz- und später Textebene) beziehen, **werden** hier **nicht betrachtet** (auch nicht die Interpunktionsfehler). Dies kann zu einem späteren Zeitpunkt erfolgen, in diesen zwei Bänden geht es um die (Konsonanten-/Vokal-)Phonem-Graphem-Relationen und die Fehlschreibungen hierzu.

6. Für die **Zusammenschau des Wortschatzes** werden Komposita getrennt und das jeweilige **Grundmorphem** gezählt; im Fall der Phonem-Graphem-Relation werden alle Phoneme betrachtet (alle Flexionsformen). Dies führt mitunter zu unterschiedlichen Summen und zu unterschiedlichen Platzierungen in den Einzelkapiteln.

7. Bei den jeweiligen Top 10-Einträgen werden **Doppelplatzierungen** (Einträge mit gleich vielen Treffern) aufgeführt. Ab

[6] Im Vergleich zur Auszählung der Texte Erwachsener (Thomé/Siekmann/Thomé 2011/2016) ergeben sich bei den Vokalen wenige Platzierungswechsel, die Grundtendenzen in der Verteilung sind – wie bei den Konsonanten – weitestgehend gleich.

Platz 11 (je weniger Einträge umso häufiger Doppelplatzierungen) wird nach alphabetischer Reihenfolge ohne Parallelzählung gewertet (an dieser Stelle macht das Alphabet als Gliederungseinheit Sinn).

8. Manche Wörter enthalten **mehrere Basisgrapheme** wie z.B. richtig bei /ɪ/. Die Zahlen in den Platzierungs-Kästchen beziehen sich zunächst auf das Wort, in der Addition werden mögliche Doppelungen gezählt (Doppelung sind durch einen Unterstrich gekennzeichnet). Die Summe der Top 10/20/50 enthält dann die Graphemanzahl, da sonst die Wortvorkommenshäufigkeit den Phonem-Graphem-Verhältnissen unterordnet wäre, was in der Darstellung nicht gewünscht ist.

Hierzu C.L. Naumann vor über 30 Jahren (1989: 83): „Mit Zahlen kann meistens und auch in diesem Zusammenhang nicht eine totale Festlegung, eine völlige Genauigkeit oder Sicherheit erzielt werden. Vielmehr ist es der Zweck von Zahlen, vorhandene Tendenzen, Trends, Regelhaftigkeiten zu erfassen und über das Ungefähre mehr zu sagen, als dass es ungefähr ist, kurz: Das Ungenaue genauer zu sehen.“

9. **Fugen-/Flexionsvarianten** müssen bei der Vermittlung gesondert betrachtet werden. Wichtig ist, dass ein Bewusstsein entsteht, damit Phänomene vermittelt werden können. So ist z.B. bei *vielleicht* keine Doppelkonsonanz gegeben (kein Orthographem <ll>), sondern zwei Basisgrapheme durch die Verknüpfung von viel+leicht (prominenteres Beispiel: *Fahrrad* = Fahr+rad). Hierauf wird in den Kapiteln entsprechend verwiesen.

10. Zunächst wurden die korrigierten Texte gezählt. Die **Fehlschreibungen** wurden im zweiten Schritt betrachtet und sind mit einem ***-Stern** gekennzeichnet. Die Fehlerhäufigkeiten werden in

der ersten Übersicht bereits verdeutlicht und am Kapitelende näher beleuchtet.

11. Da die didaktischen Empfehlungen zunächst auf den Anfangsunterricht abzielen, wurden parallel die **(An-)Lauttabellen** von rund zehn gängigen Lehrwerken/Fibeln (u.a. Cornelsen, Klett, Westermann) vergleichend betrachtet, um die Repräsentanten abzugleichen und mögliche Gegenvorschläge vor dem Hintergrund der Häufigkeiten und der Basisschreibungen anzuregen.

Grundsätzlich: Die Auszählung soll der **Orientierung** dienen. Es geht nicht um strikte Wortlisten, sondern um **das Bewusstsein um Häufigkeiten und den Aufbau der deutschen Schrift im Sinne einer logischen Vermittlungsgrundlage.** Sollte es klassenspezifisch/individuell andere Modell-/Ankerwörter (aus Basisschreibungen) geben, können und sollen diese auch genutzt werden (vermutlich finden sie sich auch unter den häufigen Wörtern).

Angesichts der Ergebnisse bleibt der **logische** Schluss:[7]

Schrifterwerb vom „Einfachen/Häufigen“ zum „Seltenen/Schwierigen“.

Einen Überblick über die 100 häufigsten Wörter/Wortformen gibt es am Ende des Bandes (s. a. Bd. 1 zu den Konsonanten).

[7] Fernab aller Streitigkeiten rund um die richtige Methodik sollte das verwendete Wortmaterial sinnvoll ausgewählt sein (sinnvoll = aufbauend im Sinne der o.g. Logik; sprich: *Logik vor Methodik*).

Zu den *Vokal*-Phonem-Graphem-Relationen

Wie viele Vokale gibt es?

Eine beliebte Frage im Deutschunterricht und eine der wenigen Fragen, die Lehramtsstudierende nicht nur spontan, sondern auch in der erfolgreich auswendig gelernten Reihenfolge, beantworten. Die magische Zahl 5, seltener die Zahl 11 (a, e, i, o, u plus ä, ö, ü, au, ei, eu) bezieht sich auf die „Buchstaben" bzw. „Buchstabencluster", die in Sprachbüchern und Unterrichtsmaterialien (nach dem Alphabet sortiert) angeboten werden.

Die Vermittlung geht vom Schriftzeichen zum Laut. Sinnvoller wäre vom Laut zum Schriftzeichen bzw. von der Standardlautung (Phonem) zu den häufigen (und später: seltenen) Schriftzeichen (Graphemen), unabhängig von der individuellen konkreten Aussprache, die durch Idiolekte/Dialekte gefärbt ist (Phon(e); *Phonetik-Phonologie*-Unterscheidung beachten).

Zu unterscheiden sind 16 Einzelvokalphoneme plus drei Diphthonge, also **19 Vokalphoneme** plus die entsprechenden Verschriftungsmöglichkeiten. Die Unterscheidung von Lang- und Kurzvokalen erweist sich sowohl in universitären Seminaren als auch bei Lehrerfortbildungen oft als Ratespiel, da diese Unterscheidung in der Unterrichtspraxis mitunter systematisch abtrainiert wird (vgl. die Untersuchung zum Phonem /ɛ/ zu Beginn und am Ende von Klassenstufe 1, Jansen & Thomé 1998). Dies ist für die spätere Thematisierung bestimmter Rechtschreibphänomene (mögliche Markierung der Vokallänge durch ein Dehnungs-h, Doppelkonsonanz nach Kurzvokal) fatal.

Ohne die **Unterscheidung der Vokallänge** und die entsprechende Markierung auf der schriftlichen Ebene kommen wir im deutschen Schriftsystem nicht aus. Lesen Sie den Satz eines Zweitklässlers, der dies verdeutlicht (Satz aus einer Katze-und-Maus-Geschichte):

Ich Hase Dich

Haben Sie auch zunächst *Hase* gelesen und sich über die fehlende Kohärenz gewundert? Erst der Kontext erklärt, dass die beiden Tiere sich nicht mögen und der Schüler *hasse* gemeint hat. Die Großschreibung, aber auch die fehlende Kürzemarkierung, führen kurzzeitig in die Irre (aus: Siekmann 2013: 12; Neuauflage Siekmann 2024).

Nach Langvokal wird nie verdoppelt – Ein guter Merksatz, der jedoch nur angewendet werden kann, wenn die Lang- und Kurzvokalunterscheidung beherrscht wird. Wenn (angehende) Lehrkräfte jedoch ebenfalls unsicher sind, ob z.B. Diphthonge zu den Lang- oder Kurzvokalen gehören, dann hilft auch kein Merksatz. Am Rande: /ɔ͜y/, /a͜ɪ/, /a͜ʊ/ zählen zu den Langvokalen.

Buchtipp zur Entstehung der Schrift: Thomé, G. (2019). Deutsche Orthographie. Historisch-systematisch-didaktisch. Oldenburg: Isb Fachverlag (u.a. zur De<u>h</u>nungs-h Schreibung, die eine reine Längemarkierung des jeweiligen Vokals ohne eigenen Lautwert darstellt und somit auch nicht „hörbar" gemacht werden darf durch silbische Trennung wie *ge-hen).

Bitte bei der Durchsicht des Bandes die eigenen **Unterrichtsmaterialien**, insbesondere die (An-)Lauttabellen überprüfen und anpassen, denn diese bieten nicht immer für jedes Phonem einen

Basisgraphem-Repräsentanten an (**Lang- und Kurzvokalunterscheidung** wird ebenfalls nicht durchgehend beachtet) und das – mit Abstand – häufigste Phonem (der Schwa) wird meist zugunsten der Reduktion auf den Buchstaben zum langen „E/e“ gezählt (Eeeeseeel), wenn es überhaupt Beachtung findet bei der ABC-Orientierung und dem *a,e,i,o,u*-Wahn (Lang-/Kurzvokalunterscheidung bei dem Merksatz? Fehlanzeige).

In der Auszählung wurden Fremdwörter und **Fehlschreibungen** bewusst erfasst. Bei den Konsonanten (Bd. 1) waren Fehler meist deutlich erkennbar (Vertauschung von BG und OG oder OG und OG oder (selten in diesen höheren Klassenstufen): Auslassungen/ komplett falsche Ph-G-Relation).

Fehler in Bezug auf die Unterscheidung der Lang-/Kurzvokale sind mitunter nicht eindeutig, wenn sie sich auf das gleiche Basisgraphem beziehen. Folgt auf ein <a> (BG für Lang- und Kurzvokal) z.B. keine (im Wort vorhandene) Kürzemarkierung durch einen Doppelkonsonanten (wie im Bsp. *hase für hasse), ist nicht eindeutig, ob die SuS die Länge/Kürze des Vokals nicht unterscheiden können und/oder ob sie die Regel für den Kurzvokal (folgt *ein* Konsonantenphonem wird *meist* verdoppelt) nicht umsetzen. Abgesehen davon: Die Vokalschreibung ist korrekt.

Der Kurzvokal /a/ ist immer unmarkiert, so dass hier Fehler der Längemarkierung (Dehnungs-h oder Doppelvokale) eindeutig sind in Bezug auf einen Fehler in der Phonem-Graphem-Wahl (z.B. *hahse). Bei dem Langvokal /a:/ ist ebenfalls die unmarkierte Schreibung <a> Basisgraphem, so dass hier im Umkehrschluss die Markierung der Kürze (auf den Vokal folgender Doppelkonsonant, z.B. *habbe statt habe) ein Hinweis auf die falsche Ph-G-Relation ist (die Schreibung des Vokals ist jedoch auch hier korrekt).

Solche Fehler werden in den jeweiligen Kapiteln gesondert genannt. Bei einer Häufung werden diese in der **Übersicht der BG/OG in Klammern** gesondert gekennzeichnet. Die Fehlerübersichten beziehen sich auf die möglichen Vertauschungen der für die Relation möglichen Schriftzeichen (BG für OG und umgekehrt bzw. OG für OG) und führen die Vertauschungen der Phonem-Graphem-Relation nur extrahiert auf.

Diese Fehler hängen mit dem systematischen Abtrainieren der Vokallänge-Unterscheidung und der Fokussierung auf Orthographeme zusammen: Das Dehnungs-h wird massiv geübt, so dass Übergeneralisierungen keine Seltenheit sind. Dabei ist das Dehnungs-h eine Seltenheit und nur wenige frequente Wörter wären als Besonderheit/Wort mit Merkstelle im erweiterten Anfangsunterricht anzusprechen.

Entfallen viele Schreibungen auf Fremdwörter, wie z.B. bei dem Orthographem <i> für den Langvokal /i:/, führt dies ebenfalls zu einer gewissen Verschiebung der Ergebnisse, wenn diese gezählt werden (s. die Doppellösung in Kap. 16).

Der Fokus soll jedoch – wie auch in Band 1 – auf den Basisschreibungen liegen, die im Anfangsunterricht zu behandeln sind. Hierzu bietet die Auszählung konkrete Wörter für jede Verbindung an, die neben den 100 häufigen Wörtern einen guten Einstieg für die Erarbeitung eines sinnvollen (Schreib-)Wortschatzes ermöglichen.

Kurze Begriffserläuterung

Die deutsche Schrift ist eine **lautorientierte** Alphabetschrift, d.h. die Schriftzeichen beziehen sich auf Aspekte der Lautform von Wörtern. Die lautliche und die schriftliche Ebene müssen klar unterschieden werden. Beide Ebenen haben eine feste Bezugsgröße: Beim Gesprochenen ist dies die **Standardlautung**, beim Geschriebenen ist es die **Orthographie** (vgl. Siekmann & Thomé 2018). Setzt man die schriftliche und die lautliche Ebene zueinander in Beziehung, sind es die **Phoneme,** die bedeutungsunterscheidend sind. Die deutsche Schrift orientiert sich nicht am konkret produzierten Laut (Phon), der individuell unterschiedlich ausfallen kann (z.B. durch Dialekte).
Einer bedeutungsunterscheidenden ***Laut***einheit (**Phonem**) steht eine bedeutungsunterscheidende ***Schrift***einheit (**Graphem**) gegenüber, die mitunter aus drei Einzel*buchstaben* bestehen kann (<sch>, <ll>, <n>; vgl. u.a. Siekmann 2013, Thomé 2019).

Demnach gilt im Buch:

- „**Buchstaben**“ (im Sinne des Alphabets) werden in Anführungszeichen gesetzt,
- **Grapheme** stehen in < > - Klammern,
- **Phoneme** in / / - Klammern.
- Ist eine lautliche Varianz im konkreten Sprachfluss (dialektaler/individueller Einfluss) gemeint, sind die sog. **Phone** durch [ ]-Klammern gekennzeichnet.

Ein Minibeispiel:

/ʃ/ /n/ /e:/ /b/ /a/ /l/ (6 Phoneme)
<Sch> <n> <ee> <b> <a> <ll> (6 Grapheme, aber 10 Buchstaben)

1 Wortschatz, Phonem-Graphem-Relation und Fehlerverteilung zu dem Phonem /œ/

Das seltenste *Vokal*phonem im Deutschen ist /œ/. Der Kurzvokal findet sich in wenigen frequenten Wörtern und ist aufgrund der alleinigen Basisschreibung <ö> nicht fehleranfällig (in Klasse 4 gab es eine Fehlschreibung durch die Vertauschung von Lang-/ Kurzvokal: *köhnt zeigt eine Übergeneralisierung durch die Nutzung des Orthographems zu /ø:/, vgl. Kapitel 2).

Phonem	**Basisgraphem**
/œ/	**<ö>**
3. Klasse	
Richtige Schreibung	164
Fehlschreibung	-
4. Klasse	
Richtige Schreibung	228
Fehlschreibung	1
5. Klasse	
Richtige Schreibung	111
Fehlschreibung	-
Richtige Schreibungen (503)	503
Fehlschreibungen (1)	1
Gesamt (504)	**504**
Prozentwerte	**100 %**

Tab. 1 Basisgraphem zu dem Phonem /œ/

Die **Top 3** decken rund **81 %** der Schreibungen zu /œ/ ab, die Anzahl der Worteinträge ist übersichtlich (30).

Alle Einträge mit dem Graphem <ö> für /œ/

1. plötzlich (152)
2. können/könnte (150)
3. möchte(n)/möchtest (104)

Rest: öffnen (27), (Eich-)Hörnchen (9), Löcher (8), Wölfe (7), Köpfe (5), zwölf (5), Köpper (umgangsspr.) (4), Wörter (4), Körper (3), öfter(s) (3), Frösche (2), Körner (2), Löffel/löffeln (2), löschen (2), (er-)schöpfen (2), Stöckchen/Stöcke (2); Einzelne Einträge (11): Blöcke, förmlich, Hölle, Knöchel, Knöpfe, Körbchen, Mörder, Töpfe, völlig, Ziegenböcke, Zöpfchen

Bei 20 von 30 Einträgen folgt nach dem Kurzvokal keine Doppelkonsonanz („Wenn nach Kurzvokal ein Konsonantenphonem folgt, wird *meist* verdoppelt“ – *meist* ist in diesem Fall nur angesichts der frequenten Wörter haltbar). *Öffnen* folgt nicht der Regel (Nähe zu *offen*, mhd. *offenen)*.

In (An-)Lauttabellen wird meist ein *Flaschenöffner* (0) als Repräsentant gewählt. Sinnvoller wäre es, zunächst Wörter aus Basisgraphemen anzubieten und/oder frequente Wörter zu nutzen (direkte Umlautung *Wort-Wörter, oft-öfter,* bzw. Minimalpaare/ Reime *Knöpfe, Köpfe, Töpfe*; vgl. auch Siekmann 2023a).

Es gibt leider Tabellen, die nur den Lang- bzw. nur den Kurzvokal anbieten, was unbedingt vermieden werden sollte. Die Suche nach Wörtern mit Kurzvokal im Anlaut gestaltet sich schwierig (aus Basisgraphemen bestehen: *öfter(s)* (3), *Örtchen*/*örtlich* und *östlich* (0)).
Der ebenfalls seltene Langvokal /ø:/ (Kapitel 2) gestaltet sich in Bezug auf die Suche nach geeigneten Repräsentanten (Anlaut/

komplett aus Basisgraphemen) ebenfalls als schwierig, abgesehen von dem üblichen Vertreter in Lauttabellen: *Öl* (in Lexika finden sich u.a. Ökonomie/Ökologie, Öse, Österreich).

Zu überlegen ist, welche Wörter zur Einführung herangezogen werden *können*. Neben *möchte* und den dargestellten *Wörtern*, wäre *können* (trotz des OGs <nn>) sinnvoller als ein *Öffner*. Sprich: Wenn Orthographeme, dann zunächst in frequenten Wörtern.

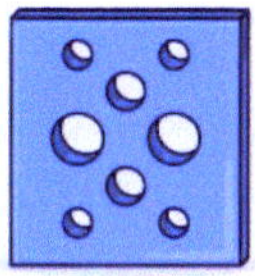

möchte/möchten löschen öfter

Wörter Löcher Köpfe Knöpfe Töpfe Frösche

Bedacht sei: Es handelt sich um die seltenste *Vokal*phonem-Graphem-Relation. Die Top 3 sollten aufgrund der Häufigkeiten beachtet werden, wobei *plötzlich* erst in Erzählungen (Textebene) relevant wird (*plötz*-lich geht auf mhd. *plozlich/Plotz* für „Schlag" zurück).

Die Fehlschreibungen der Wörter zeigen, dass die Doppelkonsonanz <tz> in *plötzlich* und <nn> bei *können* bis einschließlich Kl. 4 ein verbreitetes Problem sein kann (vgl. Kapitel 6 & 22 in Siekmann 2023a).

2 Wortschatz, Phonem-Graphem-Relationen und Fehlerverteilung zu dem Phonem /ø:/

Der Langvokal /ø:/ wird mit dem Basisgraphem <ö> oder mit dem Orthographem <**öh**> verschriftet. Auf das Basisgraphem entfallen gut 86 %, auf das Orthographem rund 14 % aller Einträge. Ähnlich wie bei dem kurzen /œ/ (Kapitel 1) verteilen sich die Einträge sowohl beim Basis- als auch beim Orthographem auf wenige Wörter (hier: 29 bzw. 8).

Phonem	**Basisgraphem**	**Orthographem**
/ø:/	**<ö>**	**<öh>**
3. Klasse		
Richtige Schreibung	317	16
Fehlschreibung (5,9 %)	2	19
4. Klasse		
Richtige Schreibung	302	52
Fehlschreibung (6,3 %)	3	21
5. Klasse		
Richtige Schreibung	163	10
Fehlschreibung (3,9 %)	-	7
Richtige Schreibungen (860)	782	78
Fehlschreibungen (52)	5	47
Gesamt (912)	**787**	**125**
Prozentwerte	**86,29 %**	**13,71 %**

Tab. 2 Basis- und Orthographem zu dem Phonem /ø:/

Allein die **Top 3-Einträge** (Basisgraphem) *schön, hören* und *Vögel* (zusammen 480) bilden rund **61 %** aller Basisschreibungen bzw. über die Hälfte (53 %) der gesamten /ø:/- Einträge ab. Auch interessant: *fröhlich* (65) stellt mehr als die Hälfte der Orthographem-Einträge.

Alle Einträge mit dem Basisgraphem <ö>

Top 10
1. schön(-) (260)
2. hören (nicht ge-/aufhören, s. weitere Platzierungen) (115)
3. Vögel (105)
4. König/Königin/königlich (59)
5. gehören (53)
6. größer/Größe (27)
7. böse (25)
8. Löwe (19)
9. (un-)möglich (15)
10. mögen/mögt (12)

Rest:
blöd/blöd(en) (10), lösen/Lösung (10), töten (10), trösten (9), Brötchen (regional) (8), Flöte (8), aufhören (7), (zer-)stören (7), Möbel (6), Döner (Fremdwort) (5), Möwe (4), Strömung (3), zögern/zögernd (3), empört (2); Einzeleinträge (5): benötige, ertönt, höflich, Leinöl, nervös (Fremdwort)

Die **Top 10** decken rund **88 % der Basisschreibungen** und **76 %** der gesamten Schreibungen zu /ø:/ ab.

In (An-)Lauttabellen wird seit Jahren (Speise-)Öl (hier ein einziger Eintrag: Leinöl) in den schönsten Flaschen mit entsprechendem Schriftzug präsentiert, nachdem die *Ölsardine* (0) nicht mehr ganz so prominent aus einer aufgeklappten Blechdose herausschaut und auch die gute alte *Öllampe* (0) nicht mehr zum Alltagswortschatz der modernen Gesellschaft zählt. Anlaut und Wortlänge sind bei Öl natürlich optimal (s. Hinweis in Kapitel 1), aber vielleicht könnten auch *Löwe (19)*, *Flöte (8)* oder je nach Region *Möwe* (4) oder *Brötchen* (8) gute Alternativen sein (statt einer

Flasche, auf der Öl steht). Vögel ist ungünstig angesichts des OGs <V>, welches als Schriftzeichen immer ein OG ist (vgl. Kapitel 12 und 14, Siekmann 2023a). Brötchen ist zwar nur eine regionale Bezeichnung (Semmel, Schrippe, Weckerl; im deutschsprachigen Ausland auch Laibchen, Weggen), bietet sich aber zur Untersuchung der Umlautung (*Brot-Brötchen*) und zu Überlegungen zum Verkleinerungssuffix *-chen* an (Diminutiv, s. Kapitel 15, Bd. 1).

Zu überlegen ist immer, welche Wörter im Anfangsunterricht zur Einführung der Phonem-*Basis*graphem-Korrespondenz genutzt werden könnten (Wörter komplett aus Basisgraphemen und nach Häufigkeiten). Hier bieten sich an:

schön (auf-/ge-)hören lösen/Lösung böse

Löwe Möwe Flöte Königin Öl

In Bezug auf Öl: Wie wäre es, ein anderes Öl in Betracht zu ziehen als das (Speise-)Öl? Kinder fahren z.B. Fahrrad und die Kette benötigt auch den einen oder anderen Tropfen Öl.

Das Orthographem <öh>

Eine Markierung der Länge <öh> zeigt sich in seltenen Fällen (13,7 %). Die 125 Einträge verteilen sich, wie oben bereits erwähnt, auf wenige Wörter. Froh und fröh-lich (zusammen 119) können im Anfangsunterricht zunächst als „Wort mit Merkstelle" eingeführt werden. Sinnvoll ist die Arbeit am Morphem plus Endung *froh-e*; auch für fröhlich. Bitte ohne silbische Trennung des Orthographems, um das „h" hörbar zu machen *fro-he. „h" hat eine Markierungsfunktion, keinen Lautwert.

Alle Einträge mit <öh>
1. fröhlich (65)
2. Höhe/höher (23)
3. Höhle/ausgehöhlt (20)
4. gewöhnen (7)
4. Möhren (7)

Einzeleinträge (3): Röhre, Söhnchen, stöhnte

Die Fehlschreibungen zu /ø:/

Insgesamt wurden 52 der 912 Einträge falsch geschrieben (rund 6 %). Die Fehlschreibungen beziehen sich hauptsächlich auf das Orthographem. Es finden sich in Kl. 3 und 4 zudem Schreibungen wie *schönne oder *Flötte.

	BG für OG (47) ***<ö> für <öh>**	**OG für BG** (5) ***<öh> für <ö>**
Kl. 3 (21)	**19** *frölichste/frölich (12), *mören (4), *gewönen (2), *höer (1)	**2** *höhre (1), *schöhrste (1)
Kl. 4 (24)	**21** *frölich/frölig (11), *Höle/höle (6), *gewönte/gewönd (2), *höe/höer (2)	**3** *höhren (2), *schöhn (1)
Kl. 5 (7)	**7** *Höle (5), *frölich, *möreneintopf	-

Tab. 3 Alle Fehlschreibungen zu /ø:/

3 Wortschatz, Phonem-Graphem-Relationen und Fehlerverteilung zu dem Phonem /ɛ:/

Das Phonem /ɛ:/ wird in der deutschen Schrift mit <ä> (BG) oder <äh> (OG) abgebildet. Die lautliche Nähe zum Lang- bzw. Kurzvokal (/e:/ und /ɛ/) führt zumindest regional in bestimmten Dialekten zu Schwierigkeiten bei der Lautdifferenzierung und/ oder zu Fehlinterpretationen auf der schriftlichen Ebene.

Phonem	**Basisgraphem**	**Orthographem**
/ɛ:/	<ä>	<äh>
3. Klasse		
Richtige Schreibung	294	94
Fehlschreibung (8,5 %)	5	31
4. Klasse		
Richtige Schreibung	344	133
Fehlschreibung (5,9 %)	4	26
5. Klasse		
Richtige Schreibung	114	45
Fehlschreibung (2,5 %)	1	3
Richtige Schreibungen (1.024)	752	272
Fehlschreibungen (70)	10	60
Gesamt (1.094)	**762**	**332**
Prozentwerte	**69,65 %**	**30,35 %**

Tab. 4 Basis- und Orthographem zu dem Phonem /ɛ:/

Das Basisgraphem findet sich in rund **70 %** der Schreibungen zu /ɛ:/, das Orthographem in **30 %**, wobei die Streubreite (Anzahl der unterschiedlichen Worteinträge) auch bei dieser Relation übersichtlich ist (36 bzw. 21).

Alle Einträge mit dem Basisgraphem <ä>

Top 10
1. nächsten/nächst- (172)
2. spät(er) (165)
3. Mädchen (130)
4. wär(-) (70)
5. schläft/schläfst (45)
6. nämlich (40)
7. (-)Bär(-) (30)
8. Käse (14)
9. (er-)klären (11)
10. Jäger (9)

Rest: schlägt/Schläger (7), Räder (6), Käfig (5), Millionär/Milliardär (Fremdwörter) (5), Rätsel (5), Täter (5), Gerät (4), lädt (4), schämen (4), (ver-)trägt (4), Tränen (4), bläst (3), Gemälde (3), Kapitän (2), Militär (2), Säge (2), Verräter (2); Einzeleinträge (9): Fäden, Gespräch, Grätsche, Märchen, sät, Schwägerin, spitzenmäßig, Schälchen, Täler

Die **Top 10** decken **90 % der Basisschreibungen** ab (**63 %** der Gesamtschreibungen zu /ɛ:/).

In (An-)Lauttabellen der Schulbuchverlage finden sich in Bezug auf /ɛ:/ oft Denkfehler. Entweder wird nur das Orthographem für den Kurzvokal /ɛ/ (BG <e> wie in *Welt;* OG <ä> in *Äpfel,* s. Kapitel 11) durch zwei oder mehrere *Äpfel* präsentiert oder zusätzlich eine *Ähre* (OG /ɛ:/) angeboten. Wenn /ɛ:/ einen Repräsentanten bekommt, dann sollte dieser nicht das OG <äh> enthalten, sondern das Basisgraphem <ä>. Durch die Buchstabenorientierung wählen Verlage das jeweilige Orthographem (*Äpfel/Ähre*), statt vom Laut und der Basisschreibung

auszugehen. Abgesehen davon, dass viele SuS nicht wissen, was eine *Ähre* (0) ist.
Nur wenige Tabellen bieten beispielsweise *Käse* (14) an und somit einen alltagstauglichen Repräsentanten aus Basisgraphemen, der darstellbar ist. Hier zeigen sich allerdings regional größere Diskrepanzen bezüglich der Lautung (Nähe zum Kurzvokal oder zum langen /e:/ bzw. im Süden Deutschlands bzw. Österreich spricht man vom [ka:s]). Sowohl *Käse* als auch *Bär* (30) eignen sich, um den Langvokal und die Basisschreibung einzuführen.

Bei *Bär* kann das vokalisierte-r angesprochen werden, aber Vorsicht bei dem Versuch es über den Plural (*Bären*) hörbar zu machen. Auch hier gibt es dialektal mitunter eine Stolperfalle, in der (vermeintlich) das *Prinzip der Homonymie* greift, das gleichklingende Wörter beschreibt, die – in diesem Fall – unterschiedlich geschrieben werden: Bären vs. Beeren (standardlautlich sind /ɛ:/ und /e:/ klar abgrenzbar; zu den Prinzipien der dt. Schrift s. Thomé 2006).

Folgende Wörter (ausschließlich aus Basisschreibungen) bieten sich zur Einführung an:

wäre/wären	schläft	(er-)klären
Käse	Bär	Märchen

Merkwörter: Mädchen, nämlich (vom *Namen* her), spät und nächsten (von *nah*). *Mädchen* (v. mittelhochdt. Mägdchen) wird eher im norddt. Raum genutzt, im Süddeutschen ist es das *Mädel/ Madel* (vgl. Siekmann 2023a: 161). Im aktuellen Duden-Aussprachewörterbuch wird eine Umfrage zur Aussprache von Mädchen angeführt: /ɛː/ vs. /eː/, die knapp zugunsten von /ɛː/ ausfällt (Duden 2023: 586). Ein Beispiel für den sprachlichen Wandel, der langsam, aber kontinuierlich fortschreitet.

Das Orthographem <äh>

Die knapp **31 %** für das Orthographem relativieren sich, wenn die Verteilung auf die Worteinträge (332) betrachtet wird: *fährt* und *erzählen* bilden **64 %** aller <äh>-Schreibungen ab.

Alle Einträge mit <äh>

1. fährt/fährst (122)
2. erzählen/Erzählung (91)
3. Nähe/näher (28)
4. ungefähr (16)
5. Fähre (12)
5. Zähne (12)

Rest (51): während(dessen) (11), gähnen (7), gefährlich (5), jährige (5), kräht (5), zählt (5), gewählt (2), Hähne/Hähnchen (2), mähen (2), Mähne (2); einzelne Einträge (5): ähnlich, allmählich, erwähne, genäht, gezähmt

In der (schulischen) Praxis könnten die frequenten Wörter als Merkwörter bzw. (soweit möglich) aufbauend über die morphematische Ableitung besprochen werden, sobald die lautliche Durchgliederung in den Schreibungen weitestgehend erkennbar ist.

Die Fehlschreibungen zu /ɛ:/

Es finden sich Schreibungen wie *fert, *erzelt, und *nemlich (in Kl. 3 und 4), die auf die Nutzung des Basisgraphems <e> Kurzvokal /ɛ/ bzw. Langvokal /e:/ verweisen. Dialektal weicht die Lautung bei /ɛ:/, wie oben bereits angedeutet, mehr oder weniger von der Standardlautung ab, was sich in den Schreibungen widerspiegelt.

Zu den Vertauschungen von BG und OG: Insgesamt wurden 70 Einträge falsch geschrieben (6,4 %). Die Fehlschreibungen beziehen sich auch hier hauptsächlich auf das Orthographem.

	BG für OG (60) ***<ä> für <äh>**	**OG für BG** (10) ***<äh> für <ä>**
Kl. 3 (36)	**31** *färt/färht/färst/feärt (13), *erzält/erzälte/erzälten/erzälen (7), *gefärlich (3), *krät (3), *amälich, *Hänchenfleisch, *järige, *wärend, *Zäne	**5** *währe (2), *spähter/späht (2), *säht
Kl. 4 (30)	**26** *erzälte/erzälen (9), *färt/färht (8), *ungefär (3), *gänte (2), *wärend (2), *gefärlich, *järiges	**4** *währe (2), *nähsten, *späht
Kl. 5 (4)	**3** *erzält, *gezämt, *ungefär	**1** *währe

Tab. 5 Alle Fehlschreibungen zu /ɛ:/

4 Wortschatz, Phonem-Graphem-Relationen und Fehlerverteilung zu dem Phonem /y:/

Langvokal /y:/ wird mit dem Basisgraphem <ü> oder dem Orthographem <üh> verschriftet. **76 %** der Schreibungen entfallen auf das Basisgraphem, **24 %** auf das Orthographem. Das Orthographem erscheint häufig, hat aber keine große Streubreite mit 14 unterschiedlichen Worteinträgen.

Phonem	**Basisgraphem**	**Orthographem**
/y:/	**<ü>**	**<üh>**
3. Klasse		
Richtige Schreibung	287	46
Fehlschreibung (13,5 %)	1	51
4. Klasse		
Richtige Schreibung	353	87
Fehlschreibung (9,7 %)	3	44
5. Klasse		
Richtige Schreibung	188	28
Fehlschreibung (4,8 %)	2	9
Richtige Schreibungen (989)	828	161
Fehlschreibungen (110)	6	104
Gesamt (1.099)	**834**	**265**
Prozentwerte	**75,89 %**	**24,11 %**

Tab. 6 Basis- und Orthographem zu dem Phonem /y:/

Die Top 3 der BG-Einträge: *für, Tür* sowie *über/über(-)* bilden in der Summe mehr als die Hälfte der Basisschreibungen ab.

Die Top 20 mit dem Basisgraphem <ü>

1. für(-) (nicht *dafür,* Platz 6) (183)
2. Tür(-) (155)
3. über/über(-) (133)
4. süß/Süßigkeiten (34)
5. natürlich (33)
6. dafür (23)
6. müde (23)
8. Füße (20)
9. lüge(n) (16)
10. üben/Übung (15)

Platz 11-20
(-)rüber (14), grün (13), wütend (13), Bücher/Bücherei (12), (be-) grüßt/Grüße (12), Tüte (10), Prügelei/prügeln (9), übrigens (9), gemütlich (7), Kostüm (6)

Zusammengezogen decken die **Top 20** gut **67 %** der gesamten Schreibungen zu /y:/ ab (knapp **89 %** der Basisschreibungen).

Weitere Einträge (in Auswahl): Schüler (6), Büro (5), Hügel (5), Flügel (4), übel (4), Brüder (3), Ausflüge (3), (un-)genügend (2), Gemüse (2), Türme (2) (…)

Seit Jahrzehnten wird in (An-)Lauttabellen ein *Über-hol-ver-bot-s-schild* für Kinder in Klasse 1 (!) als Repräsentant gewählt, die zeitlich weit entfernt von einer Führerscheinprüfung sind. Auch die Fahrradprüfung, die in höheren Klassen abgelegt wird, beinhaltet dieses Schild nicht. Abgesehen von der Absurdität: Als Anker ist das Wort in seinen Bestandteilen/in der Länge durchaus auch eine Herausforderung für Klasse 3 und höher. In der Auszählung findet sich ein einziger Eintrag zu *über-holen* (1).

Seit einigen Jahren gibt es den Trend, das *kindgerechtere Über-rasch-ung-s-ei* abzubilden. Ein *Überraschungsei* als spezifische Süßigkeit eines großen Konzerns in Unterrichtsmaterialien wird mitunter sehr kontrovers diskutiert (Schleichwerbung, falsches Signal bzgl. Süßigkeiten etc.). Bei den letzteren Argumenten muss dann auch über ein *Eis* in Lauttabellen nachgedacht werden. Auch Überraschung/überraschen (12; zählt zu über(-)) ist in seiner Wortlänge/Zusammensetzung durchaus eine Herausforderung. Trotzdem: Kindgerechter als ein Verbotsschild aus dem Straßenverkehr.

Wie wäre es, eine bekannte Situation aus dem Alltag zu nutzen und gleich zwei Wörter zu kombinieren, die aus Basisgraphemen bestehen? üben/Übung (15, Platz 10) und übel (4).

Tür/Türen (155, Platz 2) bieten sich an, über die <r>-Schreibung am Wortende zu sprechen (Vokalisierung) und diese reguläre Schreibung als Basis zu vermitteln (vgl. auch Bd. 1; Kapitel 16 & 20). *Buch/Bücher* (zusammen 110) sind die passende Ergänzung zu *üben/Übung* und können zur Erläuterung der Umlautung genutzt werden (vgl. auch Bd. 1, Kapitel 9). In (Schulbuch-)Aufgaben gerne genutzte Wörter: Hut (1) - Hüte (0), Tuch (7) -Tücher (1).

Zur Erarbeitung der Phonem-*Basis*graphem-Korrespondenz bieten sich beispielsweise folgende Wörter an:

für	über/über(-)	übel	müde	grün
üben/Übung	Tür(en)	Bücher	Tüte	

Das Orthographem <üh>

Das Orthographeme <üh> scheint mit rund **24 %** (265) recht häufig aufzutreten. Die Streubreite ist – wie bereits erwähnt – mit 14 unterschiedlichen Einträgen sehr gering und die zwei häufigsten Worteinträge decken rund **77 %** aller Schreibungen zu <üh> ab.

Alle Einträge
fühlen (125), früh(-)/Früh(-stück/-jahr/-ling) (78), Kühe (28), Hühner/Hühnchen (9), führen (7), berühmt (5), Stühle (3), Bühne (2), kühlen (2), sprühen (2); Einzeleinträge (4): blühen, Glühwein, Mühe, rühren

Am Rande: Ganz absurd sind Fremdwörter in Lauttabellen, um für den Buchstaben „y“ (immer Orthographem) alle Lautvarianten anzugeben (Teddy, *Pyramide*, Yoga; vgl. auch Bd. 1).

Ein Lernwort hier: *Typ/typisch* (4). (Zudem finden sich in der Auszählung zum Kurzvokal: *Gymnasium* (2) und *hyperaktiv* (1)).

Die Fehlschreibungen zu /y:/

Die Fehlschreibungen aller SuS zeigen, dass hauptsächlich das Basisgraphem genutzt wird. Der Fehlerwert für die Fehlschreibungen zum Basisgraphem (6 bei 834 Einträgen) liegt bei nur 0,7 %. Das Orthographem ist dagegen sehr fehleranfällig (104 Fehler bei 265 Einträgen) und kommt auf einen Fehlerwert von 39 %. Die Fehleranfälligkeit nimmt mit zunehmender Klassenstufe ab, bezieht sich aber – Dank der wenigen Einträge – auf sehr konkrete Wörter, die in Texten der SuS beachtet bzw. bewusst besprochen werden sollten.

	BG für OG (104) ***<ü> für <üh>**	**OG für BG** (6) ***<üh> für <ü>**
Kl. 3 (52)	**51** *fülen/füle/füt/vült/fült (27), *frü/früa/ früer/ frückstüken/Früstück (9), *Fürte/ führten (3), *Hüner (3), Büne (2), *kül/ kült (2), *berümt, *entfürte, *gewüld, *Schtüle, *vorfüren	**1** *tühr
Kl. 4 (47)	**44** *fült/fülen (28), *früschtück/Früstück/ Früstük/Früstuchten/Früstükk/Früstügstisch/Früling (9), *fürt/füren/abgefürt/fürung (4), *abzkülen, berümt,*besprüt	**3** *gemühtlich (2), führ
Kl. 5 (11)	**9** *berümt (3), *fülten (3), *Früer, *Anfürer, *Früstack	**2** *dagühr, *führ

Tab. 7 Alle Fehlschreibungen zu /y:/

In Kl. 4 zeigen Fehlschreibungen, dass die Lang-/Kurzvokal-Unterscheidung offensichtlich nicht gesichert ist: *füllt für fühlt (9).

5 Wortschatz, Phonem-Graphem-Relation und Fehlerverteilung zu dem Phonem /ʏ/

Das Phonem /ʏ/ (Kurzvokal) wird zu 100 % mit dem Graphem <ü> realisiert. Ein Drittel der Schreibungen entfällt auf die Top 3-Einträge: *glücklich/Glück, wünsch(-)/Wünsche* und *würde* (insg. 390).

Phonem	**Basisgraphem**
/ʏ/	<ü>
3. Klasse	
Richtige Schreibung	458
Fehlschreibung	-
4. Klasse	
Richtige Schreibung	502
Fehlschreibung	-
5. Klasse	
Richtige Schreibung	215
Fehlschreibung	-
Richtige Schreibungen (1.175)	1.175
Fehlschreibungen	
Gesamt (1.175)	**1.175**
Prozentwerte	**100 %**

Tab. 8 Basisgraphem zu dem Phonem /ʏ/

Offensichtliche Fehlschreibungen wie Vertauschung mit dem Langvokal durch Markierung (z.B.*wührde) zeigen sich nicht. Fehler bei der Kürzemarkierung des jeweils folgenden Konsonanten (meist BG für OG; z.B. *glüklich) sind in Bd.1 aufgeführt.

Die Top 20 mit dem Basisgraphem <ü>

1. glücklich/Glück (150)
2. wünsch(-)/Wünsche (136)
3. würde(-) (104)
4. zurück (88)
5. müssen/müsst/müsste (77)
6. Schlüssel (59)
7. fünf/fünfzig (55)
8. (-)Stück(-) (50)
9. Küche (35)
10. füttern (31)

Platz 11-20
erfüllen/Erfüllung (23), Krücken (21), Rücken (18), dürfen (16), flüstern (16), Tschüss (16), verrückt (14), Brücke (13), drücken (13), Hütte (13)

Die **Top 10** der Basisschreibungen decken rund **67 %** der Schreibungen zu /Y/ ab (die **Top 20** rund **81 %**).

Platz 21-50

brüllen (12), Müll (12), kümmern (11), Lüfte (9), Mütze (9), Würstchen (9), Bürger(-) (8), pflücken (8), Rüstung (8), stürzen (8), Früchte (7), Kürbis (7), Pfütze (7), rückwärts (7), fürchten/fürchterlich (6), hüpfen (5), (Kokos-)Nüsse (5), schüchtern (5), dünn (4), Gebüsch (4), gründen (4), hübsch (4), jünger (4), schlüpfen (4), Sprünge (4), (ge-/ver-)schüttet (4), schützen (4), erschüttert (3), Füller (3), küssen (3)

Die **Top 50** decken rund **97 %** der Basisschreibungen ab.

Weitere Einträge (in Auswahl): u.a. (-)süchtig (3), vernünftig (3) Würmer (3), Bürste/bürsten (2), pünktlich (2), schmücken (2), Schüssel (2), Stürme/stürmig (2), Türme (2), Flüssigkeit, Hülle, Mücke, Münze, üppig, Würfel usw.

Das einzige Wort mit /Y/ im Anlaut: *üppig* findet sich einmal in der Auszählung, ist aber aufgrund der Orthographeme <pp> und <g> nicht für den Anfangsunterricht geeignet.
In (An-)Lauttabellen wird meist nur ein Repräsentant für den Langvokal /y:/ angeboten wie das *Überholverbot* oder ein *Überraschungsei* (vgl. Kapitel 4). Getreu dem Motto: Kein Anlaut, kein Repräsentant. Selten findet sich eine Schüssel (2) oder eine Mütze (9) in Schulbuchmaterialien. Besser sind fünf (Platz 7; 55), Würstchen (9, mit *Wurst* 17) und/oder Münze (1)/Würfel (1).

Zu überlegen ist, welche Wörter zur Einführung der Phonem-*Basis*graphem-Korrespondenz genutzt werden könnten und welche zudem in Bezug auf die Umlautung hilfreiche Anker darstellen.

würde dürfen wünschen/Wünsche flüstern

hüpfen fünf jünger Türme

Küche Würstchen Früchte

6 Wortschatz, Phonem-Graphem-Relationen und Fehlerverteilung zu dem Phonem /ɔ͜ʏ/

Das Phonem /ɔ͜ʏ/ wird hauptsächlich mit dem Basisgraphem <eu> verschriftet, seltener mit dem Orthographem <äu>. Die Streubreite der Einträge ist übersichtlich (BG: 37, OG: 17), Platz 1 des Basisgraphems: *Freunde/f/Freund(-)* (403) bildet mehr als ein Drittel der <eu>-Schreibungen ab.

/ɔ͜ʏ/	<eu>	<äu>
3. Klasse		
Richtige Schreibung	478	68
Fehlschreibung (8,4 %)	3	47
4. Klasse		
Richtige Schreibung	424	119
Fehlschreibung (6,9 %)	1	39
5. Klasse		
Richtige Schreibung	221	13
Fehlschreibung (3,7 %)	-	9
Richtige Schreibungen (1.323)	1.123	200
Fehlschreibungen (99)	4	95
Gesamt (1.422)	**1.127**	**295**
Prozentwerte	**79,25 %**	**20,75 %**

Tab. 9 Basis- und Orthographem zu dem Phonem /ɔ͜ʏ/

Gut **79 %** entfallen auf das Basisgraphem <eu>, rund **21 %** auf das Orthographem <äu>.

Am Rande: /ɔʏ/ wird in Fremdwörtern auch mit <oi>/<oy> verschriftet: z.B. *Cowboy* oder *Loipe* (Interjektion: *toi toi toi*). *Museum* (10) gehört nicht zum Phonem /ɔʏ/. Abgeleitet aus dem lat. bzw. gr.: mouseîon bezeichnet es den „Ort/Sitz der Muse(n)“, vereinfacht: Muse+um, so dass hier kein Diphthong vorliegt.

Die Top 10 mit dem Basisgraphem <eu>

1. Freunde/Freund/freundlich(-) (403)
2. heute (139)
3. freuen (137)
4. neu(-) (außer neugierig, s. Rest) (80)
5. euch (51)
6. Leute (48)
7. (Flug-/Spiel-)Zeug (42)
8. Feuer/Feuerwehr (35)
9. Euro (28)
9. leuchten (28)
10. Abenteuer (23)

Zusammengezogen decken die **Top 10** (inkl. Flexionsformen und Kompositabildungen) **90 %** der Basisschreibungen ab (gut **71 %** der gesamten Schreibungen zu /ɔ͜ʏ/).

Rest (113): heulen (13), neugierig/Neugier (13), D/deutsch (10), euer/eure/eurem/euren (8), neun (7), Beutel (6), (fern-)gesteuert (6), Kreuz (6), bedeuten (5), Heu (5), teuer (5), Scheune (4), schleudern (4), Zeugnis (4), Betreuer (3), (nicht) geheuer (2), seufzen (2), Teufel (2), Einzeleinträge (8): beugen, bescheuert (umgangsspr.), Beule, deutlich, Eule, Keule, Meute, verstreut.

Die meisten Einträge bestehen komplett aus Basisgraphemen, was für den Anfangsunterricht zu begrüßen ist. Bei Platz 1 sollte die Auslautverhärtung (*Freund/freundlich*) beachtet werden (*Freunde* vor *Freund*).

In Lauttabellen war jahrzehntelang *Eule* (1) der Repräsentant für /ɔʏ/, mittlerweile nutzen viele Verlage eine *Euro*-Münze (28). Münze (1) könnte zudem als Ankerwort für das kurze /ʏ/ (Kap. 5) genutzt werden. Selten, aber durchaus auch zu finden: *Häuser* oder *Mäuse* für <äu>, was im Anfangsunterricht zu Verwirrung führen kann. Auch sinnvoll: *Feuer* (35) und *neun* (7) (s. auch Bd. 1 /n/).

Zur Erarbeitung der Phonem-*Basis*graphem-Korrespondenz bieten sich beispielsweise folgende Wörter an:

euch eure/euren heute neu neun

Freunde freuen Euro teuer Feuer Leute

Das Orthographem <äu>

Das Orthographem <äu> bezieht sich auf das morphematische Prinzip: Zu fast 100 % kann eine Ableitung des Wortstamms <au> als Erklärung herangezogen werden. Einzige Ausnahme in der Auszählung: *räuspern* (1) (dies ist auch in Bezug auf die Graphemfolge <s> vor <p> eine Besonderheit, Bd. 1, S. 70). Weitere Ausnahmen, die keinen Eintrag in der Auszählung haben: Säule, sträuben.

Die Anzahl der Wörter (17) ist übersichtlich, wobei die ersten drei Einträge mehr als die Hälfte der Schreibungen widerspiegeln.

Alle Einträge
Träume/träumen (90), läuft (47), Räuber (36), Häuser (34), Bäume (25), Geräusche (18), (aufge-)räumt/Räume (17), Verkäufer/in (8), Gebäude (5), Mäuse (4), Bäuerin (2), bräunen (2), häufiger/Häufchen (2), (-)häutig (2), Betäubung (1), enttäuscht (1), räuspern (1)

Das Orthographem <äu> wird, wie oben bereits erwähnt, auch in einigen (An-)Lauttabellen angeboten. Da es bei der Nutzung dieser Tabellen um eine erste Basis-Relation zwischen Phonem und Graphem geht, sind Orthographeme erst später zu erarbeiten.

Die Übersicht zeigt, dass wenige frequente Wörter reichen (keinen *Zaun* (0) aufbauen, um *Zäune* (0) kennenzulernen!). *laufen/läuft* und *träumen/Traum* reichen für erste morphematische Überlegungen aus (besser darstellbar sind *Häuser* und *Bäume*).

Die Fehlschreibungen zu /ɔ͜ʏ/

Innerhalb der 1.422 Einträge finden sich 99 Fehlschreibungen (Fehlerwert von knapp 7 %), davon 95 innerhalb der <äu>-Schreibung (BG für OG). Zusätzlich zeigt sich in allen Klassenstufen je eine (zusätzliche) Längemarkierung: 3. Kl. *neuh, 4. Kl. *gefreuht, Kl. 5: *freuhte.

	BG für OG (95) *<eu> **für** <äu>**	**OG für BG** (4) ***<äu> für <eu>**
Kl. 3 (50)	**47** *leuft (9), *(ge)treumt (9), *Reuber (7), *Beume (6), *verkeuferin (4), *heufiger/ Heufchen (2), *Heuser/Heusa (2), (ge)reumt (2), gereusch (2), *beueren, *breunen, *entteuscht, *gereuspert	**3** *fräutet, *spielzäuk, *Schäune
Kl. 4 (40)	**39** *Reuber (11), *gereusch (6), *(ge)treumt (6), *leuft (5), *reumte (5), *dunkelheutig (2), *Verkeufer/verkeuver (2), *breunen, *Heuse	**1** *Kronläuchter
Kl. 5 (9)	**9** *reume/reumt (4), *Reuber (2), *treume/treumt (2), *leuft	-

Tab. 10 Alle Fehlschreibungen zu /ɔ͜ʏ/

7 Wortschatz, Phonem-Graphem-Relationen und Fehlerverteilung zu dem Phonem /u:/

Wie in der Auszählung von 2011 (s.a. Thomé/Siekmann/Thomé 2016) findet sich ab Platz 7 der Relationen ein größerer Sprung zur vorherigen Relation (von rund 1.400 auf > 4.100 Einträge). Der Langvokal /u:/ wird mit dem Basisgraphem <u> und seltener mit dem Orthographem <uh> (nur 10 unterschiedliche Wörter) verschriftet.

Phonem	**Basisgraphem**	**Orthographem**
/u:/	<u>	<uh>
3. Klasse		
Richtige Schreibung	1.449	63
Fehlschreibung (2,2 %)	11	23
4. Klasse		
Richtige Schreibung	1.678	93
Fehlschreibung (0,5 %)	3	6
5. Klasse		
Richtige Schreibung	738	51
Fehlschreibung (1,7 %)	8	6
Richtige Schreibungen (4.072)	3.865	207
Fehlschreibungen (57)	22	35
Gesamt (4.129)	**3.887**	**242**
Prozentwerte	**94,14 %**	**5,86 %**

Tab. 11 Basis- und Orthographem zu dem Phonem /u:/

Zu **94 %** wird der Langvokal /u:/ durch das Basisgraphem <u> abgebildet. Im Vergleich zum Kurzvokal (vgl. Kap. 12, >10.500 Einträge) ist der Langvokal selten.

Die Top 20 mit dem Basisgraphem <u:>

1. zu/zur (804) (Zusammenschlüsse mit -zu- s. Text)
2. du (602)
3. Schul(-) (295)
4. gut(-) (270)
5. nur (258)
6. (be-/ver-)suchen (199)
7. (-)rufen (167)
8. Fuß(-) (128)
9. Buch (98)
10. Bruder (95)

Platz 11-20
zurück(-) (88), zusammen (85), Flug(-) (63), nun (62), Minute (Fremdwort) (59), tun/tue/tust/tut (48), (An-/Um-)zug/Zug (41), zuhause (39), super (34), Blume(n) (32)

Zusammengezogen decken die **Top 20** knapp **84 %** der gesamten Schreibungen zu /u:/ ab (**89 %** der Basisschreibungen). Die **Top 10** umfassen rund **71 %** der Gesamtsumme bzw. **75 %** der Basisschreibungen.

Platz 21-50
Urlaub (32), Kuchen (27), (-)zufrieden (25), Dusche/duschen (24), zuerst (23), spuken/Spuk (20), Grusel/gruselig (18), Musik (18), Mut/mutig (14), Blut/blut(-) (13), Jubel/jubeln (13), Jugend(-) (13), genug (12), zunächst (12), Kugel (10), Stufe (10), Natur (9), Computer (Fremdwort) (8), Hubschrauber (7), Tuch (7), Nudel(n) (7), puste(-)/Puste (7), Ruder/rudern (7), husten (6), Publikum (6), Ufer (6), fluchen (4), Flur (4), gruben (4), Juni (4)

Die **Top 50** decken rund **99 %** der Basisschreibungen ab (**93 %** der Gesamtschreibungen).

Das häufigste Wort (640) ist *zu* (als Einzellexem, nicht aus Wortbaustein). Das Präfix *zu(-)* (337) ist auch häufig in der Zusammenschau; in der Übersicht sind aber die Einzeleinträge beibehalten, damit diese für die Vermittlungspraxis herausgefiltert werden können (zurück, zusammen, zuerst, zuhause, zufrieden etc., *zurück/zusammen* basieren auf mhd. Formen und Zusammenschlüssen; Bd. 1, S. 53). Phonetisch wird *zur* (164) zum Lang- und Kurzvokal gezählt; die lautliche Realisierung des Phonems kann [tsuːɐ̯] oder [tsʊr] sein (Duden-Aussprachewörterbuch 2023: 939; hier zum Langvokal gezählt, somit die Phoneme /t͡s/ /u:/ /r/).
In (An-)Lauttabellen findet sich als Repräsentant für /u:/ fast ausschließlich eine Uhr (Orthographem! mit 104 Einträge). Sprich: Es wird erst die Ausnahme präsentiert, bevor das Basisgraphem kennengelernt wird. Wenige Tabellen nutzen die Kurzform für *unbekanntes Flugobjekt:* Ufo (0). Wenn es unbedingt der Anlaut sein soll, dann wäre das *Ufer* (6) sinnvoll, ansonsten sind gut darstellbar und häufig: u.a. Schule (Platz 3, 295), Buch (Platz 9, 98), Blume (Platz 20, 32), Kuchen (Platz 22, 27) (s. auch Bd. 1).

Zu überlegen ist, welche Wörter zur Einführung der Phonem-*Basis*graphem-Korrespondenz genutzt werden könnten.

du zu(-) nur nun gut super

suchen rufen tun

Blume Buch Bruder Ufer Schule Kuchen

Kugel Mut Nudel Tuch

Zum Orthographem <uh> (242) finden sich in der Auszählung lediglich 10 unterschiedliche Einträge.

Alle Einträge zu <uh>

Alle Einträge 1. Uhr (104) 2. fuhr/fuhren (46) 3. Ruhe/ruhen/ruhig (33) 4. Schuhe/(-)Schuh (29) 5. Kuh (19) Rest: Stuhl (4), Truhe (3), muhen (2); Einzelne Einträge: Huhn, juchuh (Interjektion)

Lauttabellen sollten – falls eine Uhr abgebildet ist – überarbeitet werden. Uhr ist ein ähnlich schlechter Repräsentant wie *Igel* für den Langvokal /i:/ (vgl. Kapitel 16). Zudem kann es zu Übergeneralisierungen bei Wörtern mit dem Präfix *ur-* (Ursache, Ursprung, Urteil u.a.). führen.

Am Rande: Zum Oberbegriff „Eule" gehört ein Kauz, der nach einem Balzruf benannt ist: *Uhu* (0). Die Bezeichnung dieses Vogels wird gerne als Beispiel für ein „hörbares" h genannt. Auf Graphemebene: BG <u> Langvokal, BG <h> und BG <u> Lang- oder Kurzvokal. Es ist absurd, solche Bezeichnungen heranzuziehen, wenn es um die silbische Trennung geht (bitte nicht: Schu-he, Ru-he, U-hu). A-ha, der U-hu. Wäre nicht das Morphem die bessere Gliederungseinheit bei den wenigen Wörtern und die Morphemkonstanz ein besserer Anker: Uhr, Uhr-en, fuhr, fuhr-en, Ruh-e, ruh-ig, Schuh, Schuh-e usw. (ohne das sinnlose Auseinanderreißen bei den Wörtern/Flexionsformen, bei denen es überhaupt möglich ist!). Bitte den Kauz nie als Beispiel für eine vermeintlich sinnvolle Graphemaufspaltung heranziehen.
Weder das Tier noch der „Markenkleber" finden sich in den Schreibungen. Tierrassen u.a. bei Hunden zeigen, dass Bezeichnungen

von Namen und Lautableitungen aus anderen Sprachen abstammen können (z.B. Chow Chow).

Die Fehlschreibungen zu /u:/

Innerhalb der 4.129 Schreibungen zu /u:/ finden sich 57 Fehlschreibungen (Fehlerwert: 1,4 %; der Großteil in Jahrgangsstufe 3), die sich auf die Einfachschreibung für markierte Länge und Übergeneralisierungen verteilen. Bei der Gesamtfehlerzahl zeigt sich, dass die Verschriftung von /u:/ nicht als fehleranfällig anzusehen ist.

	BG für OG (35) ***<u> für <uh>**	**OG für BG** (22) ***<uh> für <u>**
Kl. 3 (34)	**23** *2x ruich/rute/reug/ru/unruig/ beunruigt/beruigt/berugte/berukt (10), *furen (7), *Furer (fuhr er), *hanschue, *Hun, *Ku, *Rollstul, *Ur	**11** *6x tuhen+tuh/tuhn/tuhe (9), *nuhr, *Uhrlaub
Kl. 4 (9)	**6** *Schue/Schlitschu (2), *ausgerutt, *fur, *rug, *Stul	**3** *nuhr, *Schuhle, *tuhen
Kl. 5 (14)	**6** *Ku (3), *erfur, *Stul, *vur	**8** *nuhr (2), *tuhe/tuhen (2), *Bruhder, *Fluhr, *Schuhle, *Uhrwald

Tab. 12 Alle Fehlschreibungen zu /u:/

In Kl. 5 zeigt sich eine Vertauschung der Lang-/Kurzvokale (inkl. Kürzemarkierung): *rutt für ruht.

Zur Ph-G-Relation fanden sich zudem zwei Fremdwörter, die außer Konkurrenz erwähnt werden (es gibt keine dt. Wörter, die <oo> für /u:/ nutzen): Pool (12) und cool (2).

8 Wortschatz, Phonem-Graphem-Relationen[8] und Fehlerverteilung zu dem Phonem /o:/

Der Langvokal /o:/ wird, wie der Kurzvokal /ɔ/, mit dem Basisgraphem <o> verschriftet (z.B. *schon oder holen*). Während es beim Kurzvokal /ɔ/ nur das BG <o> als Verschriftungsmöglichkeit gibt (vgl. Kapitel 10), liegen bei /o:/ (wie bei /e:/, /a:/) zwei Orthographeme vor: die markierte Schreibung (<oh>, z.B. *wohnen*) und der seltene Doppelvokal <oo> (z.B. *Boot*).

Phonem	**Basisgraphem**	**Ortho-graphem**	**Ortho-graphem**
/o:/	**<o>**	**<oh>**	**<oo>**
3. Klasse			
Richtige Schreibung	1.557	62	14
Fehlschreibung (6,1 %)	13 (+3)	57 (+7)	14 (+13)
4. Klasse			
Richtige Schreibung	1.677	126	8
Fehlschreibung (2,9 %)	9	30 (+4)	8 (+3)
5. Klasse			
Richtige Schreibung	751	65	21
Fehlschreibung (3,3 %)	12 (+7)	5 (+2)	1 (+2)
Richtige Schreibungen (4.281)	3.985	253	43
Fehlschreibungen (190)	44	105	41
Gesamt (4.471)	**4.029**	**358**	**84**
Prozentwerte	**90,11 %**	**8,01 %**	**1,88 %**

Tab. 13 Basisgraphem und Orthographeme zu dem Phonem /o:/

Die Schreibungen zu /o:/ werden zu **90 %** durch das Basisgraphem abgebildet. Die **Top 10** des Basisgraphems zeigen, dass es in vielen kleinen Funktionswörtern zu finden ist.

[8] -(t)ion als Endung in Fremdwörter, s. Bd. 1, S. 34

Die Top 20 mit dem Basisgraphem <o>

1. so (603)
2. schon (332)
3. vor/vor(-) (291)
4. wo/wo(-) (257)
5. (-)holen (202)
6. los/los(-) (173)
7. groß (157)
8. Auto (139)
9. (-)flogen (125)
10. oder (121)

Platz 11-20
Polizei(-) (Fremdwort), (120) Oma (Fremdwort) (106), sofort (98), hoch (92), also (77), (-)zogen (74), oben (70), Opa (Fremdwort) (69), Boden (62), sogar (61)

Die **Top 10** umfassen **rund 54 %** der Gesamtsumme (rund **60 %** der Basisschreibungen). Die **Top 20** decken gut **72 %** der gesamten Schreibungen zu /o:/ ab **(80 %** der Basisschreibungen).

Platz 21-50
(-)Hof (59), hallo (48), Vogel (46), wieso (41), (-)Hose(-) (39), (-)Tor(-) (38), komisch (31), Euro (28), Schoko/Schokolade (Fremdwort) (28), tot/Tod (28), rot (25), Monat (22), Telefon (Fremdwort) (22), Mond (21), Professor (Fremdwort) (20), probieren/Probe (Fremdwort) (18), Brot (17), verloren (17), Traktor (16), Doktor (Fremdwort) (15), knoten (13), Moment (12), Montag (11), Note (11), Problem (Fremdwort) (11), Foto (Fremdwort) (10), (ge-)hoben (10), Million(-) (Fremdwort) (10), stoßen/Anstoß (9), geboren (8)

Die **Top 50** decken gut **88 %** der Gesamt- und rund **97 %** der Basisschreibungen ab.

In (An-)Lauttabellen findet sich meist ein *Ofen* (0), eine ältere Person als *Oma* (106, Platz 12)/seltener *Opa* (69, Platz 17) oder ein *Osterhase* (in der Auszählung fand sich Ostern (2), aber kein Osterhase). Bei *Ofen* wird meist ein altertümlich wirkender Wohnzimmer-Ofen angeboten (ohne Sicht auf die Flammen, wie bei heutigen Kachelöfen).

Zu Oma und Opa (a-Endung und Wortherkunft, s. Bd. 1; u.a. S. 46). Osterhase ist aufgrund der Zusammensetzung schwierig und angesichts der unterschiedlichen religiösen/kulturellen Ausrichtungen der SuS vielleicht auch nicht für alle eindeutig).
In einigen Tabellen finden sich *Ohr* (12, s. unten: OG <oh>; Bitte nie als Hauptschreibung anbieten) oder *Obst* (2; nicht gut durch OG <b> für /p/ und Konsonantenballung). Die Repräsentanten variieren beim Langvokal, beim Kurzvokal (s. Kapitel 10) findet sich meist ein *Ordner* (0).

Zum Langvokal bieten sich an: *Auto* (Abk. Automobil; Platz 8, 139), oder diverse Repräsentanten, die in Bd. 1 schon zu anderen Ph-G-Relationen gezeigt wurden (hier Platz 21-50): *Hose* (39), *rot* (25), *Tor* (38), *Note* (11). Auch möglich: ein *Brot* aus dem *Ofen* oder ein *rotes Auto*.

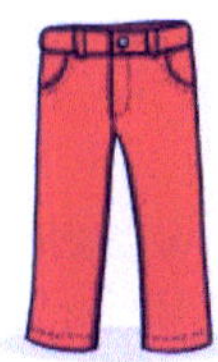  

Zur Erarbeitung der Phonem-*Basis*graphem-Korrespondenz bieten sich zudem folgende Wörter an:

schon	so/also	wo	oder
holen	hoch	oben	rot
Hose Tor	Boden	Ofen	Brot Auto

Das Orthographem <oh>

Innerhalb der Orthographeme überwiegt mit **8 %** das Graphem <oh> (358). Die Anzahl der Wörter ist übersichtlich (18 Einträge), wobei *wohn(-)/Wohn(-)* einen Großteil der OG-Schreibungen ausmacht (42 %).

Alle Einträge
Wohn(-)/wohn(-) (151), froh (54), Sohn (33), (un-/ob-)wohl (29), ohne (27), gestohlen (22), Belohnung/lohnen (12), Ohr(-) (12), ohnmächtig/Ohnmacht (6), bedroht (3), floh (fliehen) (2), Einzeleinträge (7): Bohne, Flohmarkt, gebohrt, hohl, Kohle, roh, Rohr

Wie bereits erwähnt: Auch die Markierung des Langvokals /o:/ sollte nicht über eine Gliederung hörbar gemacht werden, bei der das Graphem auseinandergerissen wird und der Längemarkierung -h ein Lautwert zugesprochen wird (*fro-he statt froh-e; [fro:ə]).

Mit Blick auf das häufigste Wort: Findet sich im Infinitiv wie z.B. bei *wohnen* ein Konsonant nach dem OG <oh>, fehlt die silbische „Bruchstelle“, um das „h“ zu isolieren (K-V-K-Konstrukt), stattdessen wird das Morphem getrennt: wohn-en (gut für die (Morphemkonstanz, z.B. wohn-t). Die Sprechsilbe woh-nen ist für die Schreibung zumindest in der Hinsicht sinnvoll, dass das

OG lautlich korrekt umgesetzt wird [vo:nən]. Die Anzahl der Worteinträge, bei denen die silbische Gliederung mit der Aufspaltung des Graphems möglich *wäre*, ist übersichtlich.

Das Orthographem <oo>

Der Doppelvokal <oo> (84) ist seltener (3 Einträge):

1. Boot (39)
2. doof (32)
3. Zoo (13)

Bitte nicht *Pool* (12) oder *cool* (2) anführen (Doppelvokalschreibung von Fremdwörtern, die zur Ph-G-Relation /u:/ zählen). Nicht in der Auszählung, aber in schulischen Materialien erwähnt: Moos (0) und Moor (0). Aber: Alle Doppelvokalschreibungen sind äußerst selten und reine Lernwörter!

Für den Anfangsunterricht ist das Basisgraphem einzuführen, in Abgrenzung zum Kurzvokal (Lautunterscheidung, aber gemeinsames BG <o>). Zu den Orthographemen: Drei Wörter zum Einprägen (*Boot, Zoo* und *doof*) und wenige frequente <oh>-Wörter (*ohne, wohl, froh* und *wohnen*).

Die Fehlschreibungen zu /o:/

Innerhalb der 4.471 Schreibungen zu /o:/ finden sich 190 Fehlschreibungen (Fehlerwert: 4,2 %; der Großteil in Jahrgangsstufe 3 und 4), die sich auf die Einfachschreibung für markierte Länge/ Doppelvokalschreibungen (115) und Übergeneralisierungen (OG für BG; 34) verteilen.
Hinzu kommen offensichtliche Vertauschungen der Lang-/Kurzvokale (41); die unter der Tabelle vermerkt sind.

	BG für OG (115)	**OG für BG** (34)	**OG für OG** (-)
Kl. 3 (84)	**<o> für <oh> (57)** *won(-)/Won(-) (27), *gestolen (9), *fro (7), *belonung/ belonunk (5), *one (3), *(ob-)wol (2), *bedrot, *Flomagt, *Kole, *Orige **<o> für <oo> (14)** *doF/dof/dowe (7), *Fischerbot/Bot (7)	**<oh> für <o> (11)** *hohlen (2), *soh (2), *fohr, *Kohr, *Lohs, *Mohnaht, *Ohben, *Schohn, *Woh **<oo> für <o> (2)** *soo (2)	**<oh> für <oo>** **<oo> für <oh>**
Kl. 4 (47)	**<o> für <oh> (30)** *won(-)/Won(-) (11), *one (5), *Belonung/lont (5), *gestolen (3), *Son (2), *onmechtig (2), *fro, *wol **<o> für <oo> (8)** *bot/Bot (4), *dof/dowe/Dof-kopf (4)	**<oh> für <o> (7)** *schohn (2), *befohr, *flohg, *hohlte *mikrofohn, *zohg **<oo> für <o> (2)** *soo, *Toon	**<oh> für <oo>** **<oo> für <oh>**
Kl. 5 (18)	**<o> für <oh> (5)** *belonung, *flo, *Fro, *one, *wol **<o> für <oo> (1)** * bot	**<oh> für <o> (11)** *soh (5), *hohlen (2), *Prohgramm (2), *vohr, sohfort **<oo> für <o> (1)** *Toore	**<oh> für <oo>** **<oo> für <oh>**

Tab. 14 Alle Fehlschreibungen zu /o:/

Hinzu kommen Vertauschungen von Kurz- für Langvokal (41; in der Gesamtübersicht in Klammern): *Bott für Boot (13), *woll für wohl (9), *hollen für holen (9), *doff für doof (5), *gestollen für gestohlen (3), *hoff für Hof, *loss für los.

9 Wortschatz, Phonem-Graphem-Relation und Fehlerverteilung zu dem Phonem /a͜u/

In der aktuellen Auszählung finden sich 5.505 Einträge für das Phonem /a͜u/. Das Basisgraphem <au> bildet zu **100 %** den Diphthong /a͜u/ ab, der wie /ɔ͜ʏ/ und /a͜ɪ/ zu den Langvokalen zählt.

Phonem	**Basisgraphem**
/a͜u/	**<au>**
3. Klasse	
Richtige Schreibung	2.071
Fehlschreibung	(4)
4. Klasse	
Richtige Schreibung	2.325
Fehlschreibung	-
5. Klasse	
Richtige Schreibung	1.105
Fehlschreibung	-
Richtige Schreibungen (5.501)	5.501
Fehlschreibungen (4)	4
Gesamt (5.505)	**5.505**
Prozentwerte	**100 %**

Tab. 15 Basisgraphem zu dem Phonem /a͜u/

In den Texten der SuS fanden sich nur in Kl. 3 Fehlschreibungen, bei denen eine zusätzliche Längemarkierung gesetzt wurde: *Bauhernhof (3), *schauhen (1).[9]

[9] Vor der letzten Rechtschreibreform gab es das OG <auh> in rauh (heutige Schreibung: rau).

Die Top 20 mit dem Basisgraphem <au>

1. auf/auf(-) (1.326)
2. Haus(-) (nicht Häuser, aber Hausaufgabe (32)) (651)
3. auch (629)
4. aus/aus(-) (u.a. Ausflug (19)) (509)
5. kaufen/Kauf (nicht Käufer) (188)
6. Frau (177)
7. (-)raus(-) (165)
8. Auto (139)
9. traurig/traurige (120)
10. Traum (nicht träumen) (96)

Platz 11-20
laufen (nicht läuft/lief) (95), laut (76), Baum (nicht Bäume) (71), draußen (69), klauen (69), Bauer(-) (68), Bau/bauen (61), Pause(n) (59), schauen (56), Z/zauber(-) (56)

Zusammengezogen decken die **Top 20** (inkl. Flexionsformen und Kompositabildungen) **85 %** der /au̯/-Schreibungen ab (die **Top 10** allein **rund 73 %**).

Platz 21-50
Maus (nicht Mäuse) (51), genau(-) (46), glauben (42), brauchen (38), Auge(-) (34), Urlaub (32), trauen (31), dauern/gedauert (29), tauchen/Taucher(-) (29), außer/außerdem (28), blau(-) (26), staunen (26), darauf(hin) (25), Raum (25), drauf (umgangssp. darauf) (22), tauschen (22), sauer (19), braun (17), schaukeln/Schaukel (15), Bauch (14), überhaupt (13), hauen (11), kaum (10), rauben (10), sauber (10), erlauben/Erlaubnis (9), Haufen (8), Astronaut (Fremdwort) (7), Kaugummi (7), Hubschrauber (7)

Die **Top 50** decken gut **97 %** der Schreibungen zu /au̯/ ab.

Weitere Einträge (in Auswahl): u.a. Haupt(-) (6), Laune/gelaunt (6), tausend (6), Automat (Fremdwort) (5), Lauer/lauert (5), Mauer (5), (-)Schau (5), schlau (5), Haut (4), rauschen (4), Schaufel/schaufeln (4), Trauben (4) (…)

In (An-)Lauttabellen wird meist ein (rotes/gelbes oder blaues) Auto, seltener ein (braunes/blaues) Auge angeboten.

Für die Einführung sicher auch geeignet: ein *graues* (3), braunes (17) oder *blaues* (26) *Auto* (139) bzw. *Auge* (34), *Baum, Haus, Maus* (Bilder s. Bd. 1 zu den jeweiligen Anlauten), *Frau, Traum* und *auch Pause* (alle Einträge unter den Top 20).

Zu überlegen ist, welche Wörter zur Einführung der Phonem-*Basis*graphem-Korrespondenz genutzt werden könnten.

auf (-) auch aus (-) (-)raus

kaufen schauen laufen glauben

laut blau braun grau schlau

Auge Auto Haus Baum Maus Frau Traum

Pause

Haus-auf-gabe mag ein Kompositum sein, dass genutzt werden könnte, um die Ph-G-Relation und erste Wortbildungsprozesse anzusprechen. *Auf-gabe* (vs. *auf*-geben; semantische Mehrdeutigkeit etc.). *Haus als* Baustein: *Baumhaus, Hausfrau* usw.

Je nach Entwicklungsstand sollten gezielt frequente Wörter herausgenommen werden, die für die Arbeit an der Umlautung/ Wortstammkonstanz (<äu>, s. OG zu /ɔ͜ʏ/ in Kapitel 6) genutzt werden können.
Bitte bedenken: Die Trennung von Graphemen ist allgegenwärtig in Materialien. So wird u.a. in Kreuzworträtseln jedem Buchstaben ein Kästchen zugewiesen und/oder Holzbuchstaben/ Buchstabenkärtchen bilden das Alphabet ab (Einzelbuchstaben).

/m/ **/a/** *oder* **/a:/** **/ʊ/** *oder* **/u:/** **/s/** *oder* **/z/**

oder doch besser:

/m/ **/a͜u/** **/s/**

Graphemkarten u.a. Materialien unter www.katja-siekmann.de/verlag.

10 Wortschatz, Phonem-Graphem-Relation und Fehlerverteilung zu dem Phonem /ɔ/

Der Kurzvokal /ɔ/ wird mit dem Basisgraphem <o> verschriftet. Beim Kurzvokal ist grundsätzlich auf die nachfolgenden Konsonanten(cluster) zu achten, bei denen – im Fall der eher seltenen Kürzemarkierung – Fehlschreibungen auftreten können. Lang- und Kurzvokal-Relation /o:/ und /ɔ/ liegen in Bezug auf die Gesamtsummen relativ nah beieinander (/o:/ Kapitel 8; 4.471; BG gut 4.000 Einträge).

Phonem	**Basisgraphem**
/ɔ/	**<o>**
3. Klasse	
Richtige Schreibung	2.029
Fehlschreibung	(3)
4. Klasse	
Richtige Schreibung	2.525
Fehlschreibung	(6)
5. Klasse	
Richtige Schreibung	1.003
Fehlschreibung	(4)
Richtige Schreibungen (5.557)	5.557
Fehlschreibungen (13)	(13)
Gesamt (5.570)	**5.570**
Prozentwerte	**100 %**

Tab. 16 Basisgraphem zu dem Phonem /ɔ/

Die /ɔ/-Schreibungen werden zu **100 %** durch das Basisgraphem <o> abgebildet. Die Streubreite der Einträge ist recht groß. Die Top 5 umfassen allein **43 %** aller Einträge.

Die Top 20 mit dem Basisgraphem <o>

1. komm(-) (nicht: kam) (700)
2. (da-)von/vom (521)
3. noch (485)
4. wollte/wollen/wollt (416)
5. doch/jedoch (277)
6. Morgen/morgen (192)
7. sollen (183)
8. Koffer (128)
9. dort (127)
10. antworten/Antwort (124)

Platz 11-20
konnte(n) (116), voll (112), sofort (98), Gold/goldenen (96), Woche(-) (91), ob/obwohl (81), Sonn(e;-tag)/sonnen (81), Sommer(-) (60), gestorben (57), (-)genommen (56)

Zusammengezogen decken die **Top 20 72 %** der Schreibungen zu /ɔ/ ab (die **Top 10**: rund **57 %**).

Platz 21-50
toll(-) (54), Schloss(-) (52), Kopf(-) (49), (-)brochen (48), geworden (38), (-)sonst (37), Hotel (Fremdwort) (36), gewonnen (34), (be-/ge-)schlossen (32), erschrocken (28), (-)schoss (28), Dorf (27), Kiosk (Fremdwort) (26), sondern (26), stolpern (26), Loch (22), normal (22), R/roll(-) (22), Wolken (22), Hobby (Fremdwort) (21), Sport(-)/sportlich (21), kochen (20), Professor (Fremdwort) (20), Tochter (20), hoffen/hoffentlich/Hoffnung (19), besondere/besonders (18), oft (18), Mittwoch (17), Onkel (Fremdwort) (17), kosten/kostbar (16)

Die **Top 50** decken rund **87 %** der Gesamtschreibung zu /ɔ/ ab.

Weitere (in Auswahl): u.a. (-)sprochen (16), Wolf (16), Doktor (15), Pommes (Fremdwort) (15), S/sorgen (15), getroffen (14), klopfen (14), Stock (14), vorne (14), offen (13), stolz (13), Holz (12), geschwommen (12), Frosch (11), geholfen (11), Torte (Fremdwort) (11), trotzdem (11), geworfen (10), (…) Ordnung/ordnen (8), Ort (8), ordentlich (5), Wort (5) (…)

In (An-)Lauttabellen wird fast ausschließlich ein *Ordner* (0) präsentiert. Es finden sich nur wenige Wörter mit /ɔ/ im Anlaut, die zudem schlecht darstellbar sind: *ob, oft, Onkel* (Fremdwort), *Ort, offen, Ordnung/ordnen, ordentlich, Oktober (1)* und Fremdwörter: *Offizier, operieren, organisieren.*

Sowohl Lang- als auch Kurzvokal /o:/ + /ɔ/ (BG jeweils <o>) finden sich z.B. in *sofort* (98) und *Oktober* (1).

Neben *Ort* (8) und/oder *Dorf* (27) bieten sich viele Wörter an, die bereits in Band 1 und den dazugehörigen Materialien als Repräsentanten zu finden sind: *Loch* (22), *Wolke* (22), *Holz* (12), *Frosch* (11), *Knopf* (7) u.a.
Kopf (49) oder *Torte* (Fremdwort) (11) wären ebenfalls geeignet, während bei *Ordner* (0) die Konsonantenballung lautlich schwer(er) erscheint, abgesehen von der Abstinenz in der Auszählung.

Zu überlegen ist, welche Wörter zur Einführung der Phonem-*Basis*graphem-Korrespondenz genutzt werden könnten:

doch noch dort oft antworten/Antwort
Wort kochen kostet
Ort Woche Morgen Kopf Wolke Dorf
Holz Loch Frosch Torte

Einige sehr frequente Wörter wie *komm(en), woll(en), soll(en)* müssen gezielt erarbeitet werden.

Die Fehlschreibungen zu /ɔ/

In der Auszählung zeigen sich wenige Fehlschreibungen zu /ɔ/. Lautliche Vertauschungen (<o> für <u> und umgekehrt) sind im Anfangsunterricht zu finden, während sich in den höheren Klassenstufen eher Fehlschreibungen zu den Orthographemen zeigen, die u.a. auf die Lang-/Kurzvokalunterscheidung zurückzuführen sind.

Die offensichtlichen Vertauschungen von Lang- und Kurzvokal (13):
3. Klasse (3): *kohnte für konnte, *lohkte für lockte, *tool/tohl für toll; 4. Klasse (6): *wohlte/wohlen für wollte (2), hohlte für holte, *ohb für ob, *umsohnst für umsonst, *fohl für voll; 5. Klasse (4): *tool für toll (2), *Hohlz für Holz, *ohft für oft.

Ansonsten beziehen sich die Fehler eher auf den Konsonant, der auf den Kurzvokal folgt (vgl. Bd. 1). Bei *kommen* - *ka̲m* findet nicht nur ein Vokalwechsel statt, sondern auch ein Wechsel von Kurz- zu Langvokal (nach Langvokal wird nie verdoppelt), was ansonsten auch zu *Kamm* führen würde (**K/kamm* für *kam* findet sich durchaus in den Texten, ansonsten eher: *komen, Bd. 1, S. 127).

11 Wortschatz, Phonem-Graphem-Relationen und Fehlerverteilung zu dem Phonem /ɛ/

Der Kurzvokal /ɛ/ wird mit dem Basisgraphem <e> (z.B. *es, Eltern*) bzw. mit dem Orthographem <ä> (z.B. *fängt, hätte*) verschriftet. Die Nähe zum Langvokal /e:/ ist in einigen Worteinträgen (z.B. Personalpronomen *er* vs. Präfix *er-*) zu beachten (Standardlautung vs. Dialekt/Idiolekt). Im Vergleich zu den Kapiteln 1-10 (je <5.600 Einträge) zeigt sich hier wieder ein etwas größerer Sprung in der Gesamtsumme der Einträge (rund 8.800).

Phonem	**Basisgraphem**	**Orthographem**
/ɛ/	<e>	<ä>
3. Klasse		
Richtige Schreibung	3.194	143
Fehlschreibung (2,0 %)	18	51
4. Klasse		
Richtige Schreibung	3.588	171
Fehlschreibung (2,5 %)	15	83
5. Klasse		
Richtige Schreibung	1.461	64
Fehlschreibung (1,7 %)	10	16
Richtige Schreibungen (8.621)	8.243	378
Fehlschreibungen (193)	43	150
Gesamt (8.814)	**8.286**	**528**
Prozentwerte	**94,01 %**	**5,99 %**

Tab. 17 Basis- und Orthographem zu dem Phonem /ɛ/

94 % der Schreibungen zu /ɛ/ werden durch das Basisgraphem <e> abgebildet. In den **Top 20** sind unselbstständige Wortbausteine (*ver-, er-, ent-* und *her-*, nicht das Adverb *her* (s.u.)) aufgeführt, um die Streubreite komprimierter abzubilden.

Die Top 20 mit dem Basisgraphem <e>

1. es (1.547)
2. ver- (589)
3. Bett(-) (397)
4. jetzt/jetzige (383)
5. er- (u.a. -zählen) (308)
6. Eltern (289)
7. weg(-) (262)
8. Essen/essen (254)
9. wenn (236)
10. Ende/enden/endlich (200)

Platz 11-20
denn (194), schnell (182), Geld(-) (129), Schwester (102), her- (u.a. -um, -aus, -rein) (99), (-)beste(-) (97), Gespenst (97), ent- (u.a. -schuldigen) (96), gern(e) (86), Welt(-) (86)

Die **Top 10** umfassen rund **51 %** der Schreibungen zu /ɛ/ (knapp **54 %** der Basisschreibungen). Die **Top 20** decken **64 %** der Schreibungen zu /ɛ/ ab **(68 %** der Basisschreibungen).

Platz 21-50
Mensch(-) (83) Stelle/stellen (77), etwas (72), merken (69), Schreck/(-)schreck(-) (67), (-)stecken (62), Fenster (60), Geschenk/schenken (60), Ente (59), fertig (59), Becken (58), (-)brechen (58), Fernseher/fernsehen (57), denken (55), (-) Decke (53), R/rennen (52), Herr (51), setze(n) (51), nett (49), lernen (46), letzte(-) (45), Berg(-) (43), Treppe (39), des (38), lecker (37), Hotel (Fremdwort) (36), welch(-) (36), fest(-) (34), echt (33), deswegen (33)

Mit den **Top 50** sind rund **82 %** der kompletten Schreibungen zu /ɛ/ abgedeckt.

Weitere (in Auswahl): Detektiv (Fremdwort) (32), kennen (32), schlecht (32), helfe(n) (31), besser/Besserung (30), deshalb (29), Hexe/hexen (28), Brett (26), sprechen/Sprecher (24), Feld (23), Fest (22), klettern (20), Professor (Fremdwort) (20), Wecker/wecken (20), schmecken (19), treffen (18), gelb/gelbe (16), gestern (16), rechts (16), Stern (16), Zelt/ zelten (16), Keller (15), selbst (15), Wett(-)/wetten (14), Wetter (14), (ge-)recht/Recht (13), Chef (Fremdwort) (13), rechnen/Rechner/Rechnung (13), Delfin (Fremdwort) (12), hell (12), Herz/herzlich (12), Held (11), Helm (11), retten (11), Schmerzen (11), (…) Kette (10), Pech (10), Messer (10), Test/ testen (10), Wechsel/wechseln (10), Zettel (10), (…)

Einige frequente Wortbausteine/Präfixe enthalten den Kurzvokal /ɛ/ und sollten in der morphematischen Arbeit Beachtung finden.

Wörter mit *ver-* (Platz 2; rund 50 verschiedene Zusammenschlüsse): -dienen, -gessen (mhd. gezzen), -kaufen, -kriechen, -lieren (mhd. liesen), -rückt, -schwinden, -schicken, -späten, -sprechen, -stecken, -suchen, -tragen, wandeln u.a.

Wörter mit *ent-* (Platz 18; gut 20 verschiedene Zusammenschlüsse):

-decken, -fernen, -gegen, -kommen, -lang, -scheiden, -setzen, -sorgen, -schuldigen, -stehen, -täuschen u.a.

Wörter mit Er-/er- (Platz 5)
Das Präfix *er-* findet sich in über 50 verschiedenen Zusammenschlüssen: *er*zählen (91) oder *er*schrecken (67 s.o.). Weitere: -finden, -füllen, -folg, -fahren, -forschen, -frieren, -innern, -kennen, -klären, -leben, -ledigen, -leichtert, -reichen, -wacht, -warten, -wischen usw. oder Er-geb-nis.

Aus graphematischer Sicht sind <e> plus <r> immer Graphem-*folgen*, die lautlich – je nach Stellung im Wort – unterschiedlich umgesetzt werden (ähnlich wie <s> vor <t> und <p> streiten vs. Fenster).

Wichtig hier:

er (Personalpronomen)	/e:/ (Langvokal)	+ /r/	phonetisch: [e:ɐ̯]
er-finde (Präfix)	/ɛ/ (Kurzvokal)	+ /r/	phonetisch: [ɛɐ̯ˈfɪndə]
Les-*er* (Suffix)	/ə/ (Schwa)	+ /r/	phonetisch: [le:zɐ]

Ähnlich verhält es sich bei ***her/-her* vs. *her-*** (99; Platz 15)
Langvokal /e:/ Komm her!
Kurzvokal /ɛ/ her-: -aus (31), -um (29), -ein (15), -unter (8), -vor (8) (...)

In (An-)Lauttabellen wird grundsätzlich eine *Ente* (59) als Repräsentant genutzt. *Esel* (Langvokal) und *Ente* (Kurzvokal) bestehen aus Basisgraphemen, allerdings wird in der Praxis zu wenig über den häufigen Schwa-Laut /ə/ (Kap. 19) nachgedacht, weil der Anlaut im Fokus steht. Denkbar wäre die Verknüpfung mit dem Schriftbild, um den jeweiligen Laut zu fokussieren (für den Schwa-Laut die entsprechende Markierung am Wortende, vgl. S. 121): hier *Ende* (200 inkl. endlich).

Zur Fokussierung auf /ɛ/ bieten sich z.B. auch *Welt* (86) oder die Zahlen *elf* (5) (in gelber Fassung (16)) und *sechs* (6) an, die jedoch selten verschriftet werden. Vorsicht: Welt vs. Erde (Langvokal, s. Kapitel 13).

Zu überlegen ist, welche Wörter zur Einführung der Phonem-Graphem-Korrespondenz genutzt werden könnten:

es er- etwas
welch(-) lern(-) merk(-) rechnen
elf echt gerne schlecht Ende Ente
Mensch Welt Herz Schwester Zelt

Bei Verben bietet es sich an, flektierte Formen zu nutzen (z.B. lern-t), wenn der Schwa-Laut (lern-*e*) zunächst ausgeklammert werden soll, um die Fokussierung der Auf*merk*samkeit auf den Laut und nicht auf den Buchstaben zu legen.

Der *Weg* (die *Wege*) (47; Langvokal /e:/) vs. *weg*- (z.B. laufen, 262; Platz 7) bieten sich an, um über Lang-/Kurzvokale zu sprechen und/ oder den Schwa-Laut (Weg<u>e</u>) lautlich abzugrenzen.

Das Orthographem <ä>

Das Schriftzeichen <ä> ist beim Kurzvokal /ɛ/ Orthographem, beim Langvokal /ɛ:/ Basisgraphem (vgl. Kap. 3: Das Basisgraphem umfasst bei /ɛ:/ nur 762 Einträge wie z.B. *M<u>ä</u>dchen, sp<u>ä</u>t, n<u>ä</u>chste(-)* etc.).
Das Orthographem <ä> (528) zum Phonem /ɛ/ ist im Vergleich zur 2011er-Auszählung seltener (**6 %** statt 12,5 %). Die **Top 10** umfassen mehr als die Hälfte aller Einträge von <ä> zu /ɛ/ (**53** %), die **Top 20** rund **74 %**. In den Texten der SuS finden sich folgende Einträge:

Top 10
fängt/Gefängnis (53), hätte(-) (48), Ärger/ärgern (29), hängen (29), (-)fällt (28), Männer (25), älter(-) (19), Länge/läng(-) (18), Äpfel (17), ängstlich (15)

Platz 11-20
lässt (15), Hälfte (14), Hände (13), lächeln (13), Ärztin (10), hält (10), tatsächlich (9), Gäste (8), (-)kämpf(e) (8), stärker/Stärkste (8)

Weitere (in Auswahl): u.a. Bälle (7), (ohn-)mächtig(-) (7), wärmer (7), Blätter (6), rück/-seit-wärts (6), Bänke (5), Fächer (5), wächst (5), ändern (4), Bänder (4), Geschäft (4), glänzend (4), lädt (4), Länder (4), Sänger (4), Wächter (4), ärmer (3), Äste (3), Bäckerei (3), beschäftigt (3), Getränke (3), kräftig (3), Männchen (3), prächtig (3), ständig (3), Wände (3), Wäsche (3), färbt (2), hämmern (2), Kälbchen (2), Kälte (2), Kästchen (2), Sätze (2), (…) Dächer, Schränke, Wälder (…)

In Lauttabellen finden sich oft *Äpfel* (17) als Repräsentanten für den Buchstaben „ä". Wenn, dann sollte etwas gewählt werden, um den Langvokal (/ɛ:/ BG <ä>, s. Kap. 3) darzustellen. Beim Kurzvokal /ɛ/ ist das BG <e> und <ä> nur ein Orthographem.

150 der Einträge des Orthographems (528, somit 28 % aller OG-Einträge) wurden falsch geschrieben (BG für OG).

Die Fehlschreibungen zu /ɛ/

Die Fehleranfälligkeit ist *insgesamt* gering (2,2 % der Gesamtschreibungen zu /ɛ/). Die 193 Fehlschreibungen beziehen sich hauptsächlich auf das Orthographem (BG für OG). Die Fehler zeigen, dass die Sicherheit in Bezug auf morphematische Ableitungen fehlt.

	BG für OG (150) ***<e> für <ä>**	**OG für BG** (43) ***<ä> für <e>**
Kl. 3 (69)	**51** *hengen (7), *ergern/ergert (6), *Hete/hette (6), *lest/lesst (4), *felt (3), *helfte (3), *ferben (2), *gefengnis (2), *lenger (2), *menner (2), *elter, *Gelende, *Gescheft, *Heftling, *helt, *Hende, *Lender, *Sengerin + weitere Einzeleinträge	**18** *änte (2), *äntlich (2), *ältern (2), *beran/beären (2), *ährzählte, *äntsetzt, *erläpt, *ärschrocken, *Gespäns, *mänschen, *ränfarrer, *schängte, *stärbe, *vorstälte
Kl. 4 (98)	**83** *heng(-) (8), *lecheln (8), *erger (7), *gefengnis (7), *lenge(r) (7), *engstlich (4), *belle (4), *felt/fellt (4), *mener/menner (4), *helfte (3), *lest (3), *fengt (2), *mechtig (2), *tatsechlich (2), *wermt (2), *Becker, *benke, *Gescheft, *Geste, *getrenk, *glenzt, *kemmen, *Kemmerchen, *prechtig, *Wechter, *Wende + weitere Einzeleinträge	**15** *ärzählte/ärzält (5), *Hälm (3), *wäckt (2), *dän (denn), *erschrägt (schreckt), *Härbst, *Träcker, *Täpig (Teppich)
Kl. 5 (26)	**16** *henge (4), *(-)ergert (3), *mechtig (3), *lenger (2), *felt, *gefengnis, *Getrenk, *lest	**10** *Gespänst (4), *ersäzt/ersätzt (2), *bemärkt, *häles (helles), *hergechtält, *sprächer

Tab. 18 Alle Fehlschreibungen zu /ɛ/

12 Wortschatz, Phonem-Graphem-Relation und Fehlerverteilung zu dem Phonem /ʊ/

Der Kurzvokal /ʊ/ wird ausschließlich durch das Basisgraphem <u> verschriftet und findet sich u.a. im frequentesten Wort der Auszählung: der Konjunktion ***und*** **(50 %** aller Einträge zu /ʊ/).

Phonem	**Basisgraphem**
/ʊ/	**<u>**
3. Klasse	
Richtige Schreibung	4.113
Fehlschreibung	(3)
4. Klasse	
Richtige Schreibung	4.523
Fehlschreibung	(2)
5. Klasse	
Richtige Schreibung	2.051
Fehlschreibung	-
Richtige Schreibungen (10.687)	10.687
Fehlschreibungen (5)	5
Gesamt (10.692)	**10.692**
Prozentwerte	**100 %**

Tab. 19 Basisgraphem zu dem Phonem /ʊ/

Offensichtliche Fehlschreibungen zu /ʊ/, sprich: Vertauschung zum Langvokal durch Markierung der Länge (<uh>) finden sich in Kl. 3 (3): 3x *muhren für umgangsspr. murren, Kl. 4 (2): *kuht für guckt, *zuhm für zum.

Die Top 20 mit dem Basisgraphem <u>

1. und (5.383)
2. Mutter (457)
3. zum (387)
4. uns/unser(-) (366)
5. muss(-) (333)
6. Junge(n)/Jungs (280)
7. um (279)
8. gucken (250)
9. Hund/Hunde (187)
10. wurde(-) (173)

Platz 11-20
Geburt(-stag)(154), Stunde(n) (102), (-)F/fund(-) (98), unter (96), (-)durch(-) (95), unten (94), warum (78), runter (77), wusste (65) W/wunder(-) (60)

Zusammengezogen decken die **Top 20** gut **84 %** der Schreibung zu /ʊ/ ab (die **Top 10** allein rund **76 %**).

Platz 21-50
kaputt (56), Luft (54), Rutsche/rutschen (49), (-) S/sprung(-) (45), Lust/lustig (42), durfte (39), Burg (37), funkel(-) (37), Turm (36), dunkel/Dunkelheit (32), Hunger/hungrig (32), kurz (30), Entschuldigung/entschuldigen (29), Wunsch (28), herum (25), Schluss (25), Zeitung (24), K/kuschel(-) (24), rum (23), bunt (22), Bus (22), dumm (22), Unterricht (22), Wanderung (17), Fuchs (16), ungefähr (16), Wohnung (16), Gummi(-) (15), Suppe (15), hundert (14)

Die **Top 50** decken gut **92 %** der Schreibungen zu /ʊ/ ab.

Weitere (in Auswahl): u.a. Nummer (14), putzen (14), darum (13), Wurm (13), gesund (11), getrunken (11), (-)Grund(-) (11), Kunst (11), Schmuck

(11), Sekunde (Fremdwort) (11), unterwegs (11), Mund (10), Muschel (10), unbedingt (9), Fluss (8), (-), gesungen (8), Bruch (8), Punkt (8), Wurst (8), (…) jung (7), Gruppe (7), Nuss (7), nutzen (7), Puppe (7), Zucker (5), Busch (4), Gurke (4) (…)

Die Präfixe: ***um-*** (60; nicht das Einzellexem; Platz 7) und ***un-*** (52) sind selten (Einträge wie umarmen, umdrehen, umfallen, umsonst, Umwelt, umgezogen bzw. unbedingt, Unfall, ungeduldig, unglücklich, Unkraut, unsicher etc.)

Häufiger ist das Suffix *–ung* (217):
Zeitung (24), Wanderung (17), Entschuldigung (16), Wohnung (16), Belohnung (11), Kleidung (11), (-)Ordnung(-) (8), Richtung (8), Rüstung (8), Ahnung/ahnungslos (7), Überraschung (7), Erfindung (6), Fernbedienung (6), Erfüllung (5), Achtung (4), Aufregung (4), (-) Führung (4), (…). Mehr hierzu vgl. Bd.1, S. 39 im Kapitel zu /ŋ/.

In (An-)Lauttabellen wird meist ein *Unfall* (+-fälle, 4) dargestellt oder ein *Unterhemd* (1) bzw. eine *Unterhose* (6), selten ein *Umleitungsschild* (0; auch nicht umleiten). *Fallen* (137) ist recht häufig in der Auszählung, aber muss SuS ein *Un-fall* als Repräsentant dienen (ein zerschmettertes Auto am Baum)?

Aus dieser Auswahl besteht zumindest *Unterhose* aus Basisgraphemen und *Hose* könnte als Repräsentant für /h/ stehen. Ein Alltagsgegenstand, aber ein Kompositum, das im Anfangsunterricht zu komplex ist. Es gibt – ähnlich wie beim Langvokal /u:/ (vgl. Kapitel 7 und das Uhr-Dilemma) – keine gut darstellbaren Wörter aus Basisgraphemen mit dem Anlaut /ʊ/.

Darstellbar und kürzer als *Unterhose* ist *Umhang* (1). Ansonsten bieten sich z.B. *Junge* und *Hunde* (nicht: Hund) an. *Unter* sollte zunächst als Präposition genutzt werden, z.B.: Der Wurm unter dem Turm.

Unterricht (22) ist die unmittelbare Umgebung, in der sich SuS befinden (unter+*richten*), aber die Bedeutung der Wortbestandteile erkläre bitte niemand in den ersten Schulwochen. (Wortherkunft mhd. *underrihten* für: an-/unterweisen, belehren, im Gespräch zurechtweisen).

Unkraut (2) wäre noch denkbar, aber schlecht darstellbar. Zum *Unfall* passt *Unglück* (OG <ck>), aber auch dies ist nicht nur sprachwissenschaftlich *un*-schön für Klasse 1.

Um-Verbindungen sind zumindest „darstellbar(er)“:
umarmen, umdrehen, umfallen, umknicken, umkippen, umhängen, umkreisen, umranden, umsehen, umschauen, umstellen, umwickeln etc.

Zu überlegen ist, welche Wörter zur Einführung der Phonem-*Basis*graphem-Korrespondenz genutzt werden könnten.

und (trotz <d>) *(-ung)*

uns um um- warum zum unter unten

wurde durfte kurz bunt

Junge Hunde (nicht Hund) Rutsche Turm

Umhang Fuchs Muschel Wunsch Wunder Luft

Je nach Entwicklungsstand sollten gezielt frequente Wörter herausgenommen werden, die für die Arbeit an der *Um*lautung (Kapitel 5) genutzt werden können (*Turm-Türme*, *Wunsch-Wünsche*, plus Verb *wünschen* etc.). Weiterführend: Verb + *-ung* wie *üben – Übung*.

Zwei Wörter mit /ʊ/ im Anlaut seien noch erwähnt: Eins, das kaum noch genutzt wird und in sehr übertragener Weise auch mit *Nudel* eine Wortschöpfung ergibt und ein Zweites, das sich aktuell noch größter Beliebtheit erfreut und zur Steigerung von Aussagen beisteuert: *ulkige* (Ulknudel) sowie (lat.) *ultra* (beide Wörter nicht in der Auszählung).

13 Wortschatz, Phonem-Graphem-Relationen und Fehlerverteilung zu dem Phonem /e:/

Der Langvokal /e:/ kann mit dem Basisgraphem <e>, der Längemarkierung <eh> oder dem Doppelvokal <ee> verschriftet werden. In der Auszählung zeigt sich mit knapp **82 %** eine etwas niedrigere Präsenz des Basisgraphems als in der Auszählung von 2011, bedingt durch einen höheren Anteil von <eh> (ein Drittel der Schreibungen fällt allein auf: *gehen*). Der Doppelvokal <ee> verteilt sich auf 12 Einträge (hauptsächlich Fremdwörter).

Phonem	**Basisgraphem**	**Ortho-graphem**	**Ortho-graphem**
/e:/	<e>	<eh>	<ee>
3. Klasse			
Richtige Schreibung	3.478	521	55
Fehlschreibung (5,4 %)	11	207	14
4. Klasse			
Richtige Schreibung	3.943	633	128
Fehlschreibung (2,4 %)	10	80 (+2)	23
5. Klasse			
Richtige Schreibung	1.845	343	22
Fehlschreibung (1,9 %)	4	32 (+1)	5
Richtige Schreibungen (10.968)	9.266	1.497	205
Fehlschreibungen (389)	25	322	42
Gesamt (11.357)	**9.291**	**1.819**	**247**
Prozentwerte	**81,81 %**	**16,02 %**	**2,17 %**

Tab. 20 Basisgraphem und Orthographeme zu dem Phonem /e:/

Rund **44 %** der gesamten Einträge fallen auf *er* und *der* (gut **53 %** der Basisschreibungen).

Die Top 20 mit dem Basisgraphem <e>

1. er (2.614)
2. der (2.344)
3. den (994)
4. dem (689)
5. erst/erste(-) (210)
6. L/leben (194)
7. jede/jeden/jeder/jedem/jedes (137)
7. werde(n) (137)
9. Pferd/Pferde (126)
10. legen/legt (105)

Platz 11-20
her/-her (hinter-/nach-) (89), reden (83), gebe(n)/gebt (74), Ferien (64), gegen (56), wer (56), lesen (50), neben(-) (49), (des-)wegen (47), Weg/Wege (47)

Die **Top 10** umfassen gut **66 %** der gesamten Schreibungen zu /e:/ und **81 %** der BG-Schreibungen, die **Top 20** decken gut **72 %** der gesamten Einträge zu /e:/ ab (**88 %** der Basisschreibungen).

Platz 21-50
Meter (43), jemand (42), Wert/wertvoll (39), Detektiv (Fremdwort) (32), Erde/Erd- (28; zählt dialektal mitunter zu /ɛ/), Regen/regnen (27), aufgeregt/Aufregung (24), Telefon/telefonieren (Fremdwort) (22), schweben (18), schwer (18), egal (17), denen (16), außerdem (15), edel (15), wenig (14), Rakete (Fremdwort) (13), nachdem (12), Schwert (12), Problem (Fremdwort) (11), trotzdem (11), eben/ebenso (10), je/jedoch (10), Museum (Fremdwort) (10), seitdem (10), treten (10), Bewegung/bewegen (8), Paket (Fremdwort) (8), wem (8), wen (8), Pflege/pflegen (7)

Mit den **Top 50** sind **77 %** der kompletten Schreibungen zu /e:/ und **94 %** der Basisschreibungen abgedeckt.

Weitere: u.a. (…) Elefant (Fremdwort) (6), Gegend (6), heben (6), Segel/ segeln (6), Zebra (Fremdwort) (6), (…), Feder (5), Fledermaus (4), Bescherung (3), (-) kleben (3) (...)

In (An-)Lauttabellen wird meist ein *Esel* (0), selten ein *Elefant* (Fremdwort) (6) präsentiert, *Pferde* (126) wären denkbar, *Feder* (5) findet sich gelegentlich für /f/ oder *Besen* (2) für /b/ - diese Wörter könnten ebenfalls herangezogen werden, um den Langvokal (und den Schwa-Laut /ə/) zu thematisieren.

Es finden sich kaum Worteinträge mit dem Basisgraphem im Anlaut (Wörter komplett aus Basisgraphemen), die darstellbar sind. Zudem kommt in vielen Wörtern der Schwa-Laut vor (immer durch <e> verschriftet, wie z.B. Nebel), was in Bezug auf eine eindeutige lautliche Zuordnung überdacht werden muss. Zu oft wird lautlich zugunsten des Langvokals argumentiert, um den Buchstaben „e“ zu vermitteln. Sprich *deutlich*: „Eeeseel“ „Neeebeeel“, was nichts mit einer deutlichen Aussprache zu tun hat, sondern mit einer Fehlleistung seitens der schriftkundigen Person/Lehrkraft.

Elefant ist ein Fremdwort mit einer Besonderheit, die in einigen Fremdwörtern zu finden ist: Die Vokalartikulationen laufen zunächst entgegen den Üblichen im Deutschen und passen sich im Laufe der Sprachentwicklung an: In alten Aussprachewörterbüchern [eleˈfant] in Phonemen /e:le:fant/, heute [eləˈfant] (in Phonemen /e:ləfant/; sprich Langvokal und Schwa). Ähnlich verhält es sich bei *Telefon* (22): Auch hier schriftstrukturell zwei Langvokale, die jedoch eher kurz gesprochen werden. Es gibt aktuell zwei Ausspracheempfehlungen, die ein Beispiel für den sichtbaren Wandel der Sprache sind (vgl. Duden-Aussprachewörterbuch 2023).

Zu überlegen ist, welche Wörter im Anfangsunterricht zur Einführung der Phonem-*Basis*graphem-Korrespondenz genutzt werden können:

er der den dem wen wem wer

lesen reden legen leben (lebt) heben (hebt) geben

werde treten egal gegen schwer

Regen Wege Meter Pferde

Das Orthographem <eh>

16 % der Schreibungen zu /e:/ (1.819) werden durch das Orthographem <eh> verschriftet, wobei die Anzahl der Einträge (21) übersichtlich ist.

Top 10
geh(en) (596), sehr (352), seh(en) (247), mehr(-) (182), (-)steh(en) (153), Lehrer(-)/lehr(en) (89), nehm(en) (49), zehn (37), (-)dreh(en) (30), (Feuer-)wehr(-haft) (25)

Rest: weh (getan) (20), Fehler/(-)fehl(en) (11), kehr(en) (9), ehrlich (4), lehnen (4), stehlen (4), eher (2), Reh (2); Einzelne Einträge: begehrt, geehrt, geschehen

Die hohe Anzahl des OGs bezieht sich, wie oben bereits erwähnt, hauptsächlich auf *geh(en)* (rund 33 %). Die **Top 10** decken **97 %** aller OG-Einträge ab, *geh(en)* und *sehr* zusammen mehr als die Hälfte.

Im Anfangsunterricht sollten nur wenige Merkwörter (*sehr, mehr, zehn*) und einige Wörter zur morphematischen Konstanz (*geh-(en), seh-(en), dreh-(en)*) besprochen werden, um häufige *Fehler (1)* zu vermeiden.

Bitte das Graphem <eh> nicht zugunsten einer Silbengliederung aufbrechen und dem *h* einen konstruierten Lautwert geben. Dies wäre bei genauer Betrachtung der Wörter auch nur bei weniger als der Hälfte der Einträge möglich; die Morphemkonstanz ist prägnanter: *h* bitte als reine Markierung der Länge von /e:/ belassen (auch *Ehe* (0) oder *eher* (2): [e:ə] bzw. [e:ɐ]).

Das Orthographem <ee>

Der Doppelvokal <ee> ist selten (rund **2,2 %**; 247 Einträge) und alle Wörter mit Doppelvokalen sind Merkwörter. Bei Streichung der Fremdwörter reduziert sich die Anzahl von 12 auf 5.
Keine Fibel sollte diese Wörter unkommentiert einführen, wenn sie nicht zum Alltags(schreib)wortschatz zählen. Saisonal bzw. regional sollten die Einträge *Schnee, See* und *Meer* als Merkwörter besprochen werden. Folgende Einträge finden sich in der Auszählung:

Top 10
Schnee (90), (-)See(-) (48), Meer (44), Idee (Fremdwort) (22), Fee (Fremdwort) (10), leer/leeren (7), Kaffee (Fremdwort) (6), Moschee (Fremdwort) (6), Tee (Fremdwort) (6), (Erd-)Beere (5)

Rest: Armee (Fremdwort) (2), Tournee (Fremdwort) (1)

See vs. Morphem *seh-*, *mehr* vs. *Meer* als Besonderheiten des Homonymie-Prinzips können nach der Sicherung der Basisschreibung als seltene Ausnahmen kennengelernt werden. Die Vertauschungen der OG in Kl. 3 (*lehrt für leert (1) und *meer für mehr (5)) sprechen dafür, diese Homonyme zu thematisieren, sobald eine Grundsicherheit in den Schreibungen erkennbar ist.

Die Fehlschreibungen zu /e:/

Die Fehlschreibungen (389) aller SuS zeigen, dass im Fall der Unsicherheit hauptsächlich das Basisgraphem genutzt wird (rund 90 %). Die Fehleranfälligkeit ist insgesamt gering (**3,4 %** der Gesamtschreibungen zu /e:/). Tabelle 21 zeigt die jahrgangsspezifische Verteilung der Fehler in Bezug auf vereinfachte Basisschreibungen, Übergeneralisierungen und Vertauschungen.

Phonem /e:/	Basisgraphem für Orthographem	Orthographem für Basisgraphem	Orthographeme vertauscht
3. Klasse Absolute Zahl	214	11	7
4. Klasse Absolute Zahl	99	10	6
5. Klasse Absolute Zahl	34	4	4
Gesamt (389)	347	25	17
Prozentual	89,2 %	6,4 %	4,4 %

Tab. 21 Die jahrgangsspezifische Verteilung der Fehlschreibungen zu /e:/

Setzt man die Fehlschreibungen aller SuS zum Basisgraphem (25) zu allen Basisschreibungen (9.291) in Beziehung, zeigt sich ein sehr geringer Fehlerwert von 0,27 %.

Das Orthographem <eh> (322 Fehler bei 1.819 Schreibungen, 17,7 %) und das <ee> (42 Fehler bei 247 Schreibungen, 17,0 %) sind prozentual fehleranfälliger als das Basisgraphem.

Die folgende Tabelle zeigt die konkreten Fehlschreibungen:

	BG für OG (347)	**OG für BG** (25)	**OG für OG** (17)
Kl. 3 (232)	**<e> für <eh> (202)** *ser (54), *get/gen/gest/gez/ getz, geths (33), *Lerer(in)/Lerher/Lerhrer (25), *mer (24), *gesen/ Fernser/fernsen (18), *stet/ sted (11), *dret (7), *nem(-) (7), *wegetan (7), *(Feuer)-wer (5), *ker(-)(3), *Befel/ felt (2), *Erlich, *geschen, *Gewer, *geerter, *Lenten, *zen **<e> für <ee> (12)** *Schneman (3), *idde/iede (3), *ler (3), *Kafe, *Mer, *Se	**<eh> für <e> (10)** *Wehrwolf (3), *dehn (2), *ehr, *jeh, *Mehter, *Pfehrd, *Tehater **<ee> für <e> (1)** *Seegelt	**<eh> für <ee> (2)** *ideh, *lehrt **<ee> für <eh> (5)** *meer (5)
Kl. 4 (115)	**<e> für <eh> (81)** *(Feuer)werver/werten (15), *mer (14), *ge/get/gen/gets/ gest (12), *(F/Vern)ser/ gehsenhen/gesen/gehsen (8), *f/verkert (6), *nemen (6), *ser (4), *erlich (3), *ferfelt/felen (2), *Lererin (2), *merere/merh (2), *begert, *dastet, *gedreten, *lenen, *stelen, *wegetahn, *zen **<e> für <ee > (18)** *Schne(mann) (6), *Se(-) (5), *Ide (4), *Erdber (3)	**<eh> für <e> (10)** *gehgen (4), *aufrehgen (2), *dehn (2), *ehr, *Wehr **<ee> für <e> (-)**	**<eh> für <ee> (5)** *Sehpferdjen/ -pferdchn (3), *Behren, *lehr **<ee> für <eh> (1)** *steelen

Kl. 5 (42)	**<e> für <eh> (31)** *gehsen/sen/Fehrnser (7), *mer (7), *get (6), *ser (3), *Drestangen/drete (2), *gewer, *Reitlerer, *stet, *wegetan, *zen **<e> für <ee> (3)** *Mosche/Moche (3)	**<eh> für <e> (3)** *musehum (2), *gehben **<ee> für <e> (1)** *getreeten	**<eh> für <ee> (2)** *lehr (2) **<ee> für <eh> (2)** *Ree (2)

Tab. 22 Alle Fehlschreibungen zu /e:/

Offensichtliche Vertauschungen der Lang-/Kurzvokale zeigen sich in drei Fällen: Kl. 4 (2): *fellte/*fellt für fehlt und in Kl. 5 (1): *nemmen für nehmen.

14 Wortschatz, Phonem-Graphem-Relationen und Fehlerverteilung zu dem Phonem /aɪ̯/

Der Diphthong /aɪ̯/ wird fast ausschließlich mit dem Basisgraphem <ei> verschriftet. Die Orthographeme <ai> und <eih> sind äußerst selten und in wenigen Lernwörtern zu finden. In der Auszählung fanden sich: *Hai* (Fremdwort) (23) und *Waisen(-)* (2) zu <ai> und *Weihnachten* (23) sowie *leihen* (1) zu <eih>. Vorherrschend beim Basisgraphem sind die unbestimmten Artikel (*ein/eine* usw.) sowie die Possessivpronomen (*mein(-), dein(-), sein(-)*): Zusammen 6.760 Einträge und somit gut **55 %** der Schreibungen zu /aɪ̯/.

Phonem	**Basisgraphem**	**Ortho-graphem**	**Ortho-graphem**
/aɪ̯/	**<ei>**	**<ai>**	**<eih>**
3. Klasse			
Richtige Schreibung	4.789	16	3
Fehlschreibung (0,4 %)	8	2	9
4. Klasse			
Richtige Schreibung	5.019	3	-
Fehlschreibung (0,2 %)	8	1	-
5. Klasse			
Richtige Schreibung	2.390	3	7
Fehlschreibung (0,3 %)	2	-	5
Richtige Schreibungen (12.230)	12.198	22	10
Fehlschreibungen (35)	18	3	14
Gesamt (12.265)	**12.216**	**25**	**24**
Prozentwerte	**99,60 %**	**0,20 %**	**0,20 %**

Tab. 23 Basis- und Orthographeme zu dem Phonem /aɪ̯/

Die Top 20 mit dem Basisgraphem <ei>

1. ein/eine/einen/einem/einer/eines & ein-(mal, u.a.) (5.070)
2. mein(-) (meine (457), meinem (87) etc.; Possessivpronomen) (1.073)
3. sein/seine/seinen (...) (517)
4. weil (341)
5. zwei(-) (294)
6. klein(-) (259)
7. kein(-) (253)
8. bei/(-)bei(-) (244)
9. Stein(-) (239)
10. heißen (222)

Platz 11-20
drei (205), F/frei(-) (169), beide/beiden (158), herein/rein(-) (148), sein/seid/sei (Verbflexionsformen) (144), Zeit(-) (nicht Zeitung) (134), Eis(-) (121), Polizei(-) (Fremdwort) (120), weiter(-) (119), gleich(-) (104)

Die **Top 20** decken rund **81 %** der /aɪ̯/-Einträge ab (die **Top 10** gut **69 %**).

Platz 21-50
nein (101), dein/deine/deinen (100), Geist/Geister (99), reich/Reichtum (99), arbeiten/Arbeit (82), Seil (82), weiß (wissen) (77), beim (67), bleiben (58) weinen (58), allein(e) (55), schreien/Schrei (52), zeigen (50), meinen/Meinung (49), streiten/Streit (49), kleiden/Kleidung/Kleid (48), feiern/Feier (43), Meister(-) (42), Langeweile/langweilen (41), Schwein (39), leise (38), weit (38), Geheimnis/heimlich/geheim (35), meiste/meisten/meistens (34), Teil/teilen (34), vielleicht (33), reiten (31), leiden/Mitleid/beleidigt/Leidenschaft (29), Weile (28), Bein (27)

Die **Top 50** bilden gut **94 %** der /aɪ̯/-Einträge ab.

Weitere (in Auswahl): u.a. seit/seitdem (27), weiß (Farbe) (27), einige(-) (25), eins/Einser (25), schreiben (25), eigentlich (24), Zeitung (24), leider (20), Seite (20), steigen (19), bereit (18), heiß (Adj.) (18), Reise/reisen (18), eigene/eigener (17), Geige (16), einzig/einzige(-) (15), gemein (15), leicht(-) (15), (-)scheinen (14), Teich (14), heil/heilig (13), (-)Heim (12), Leiter (12), (er-)reichen (11), Zeichen (11), Schein (9), Streiche (9), streicheln (9), beißen (8), Ei/Eier (8), Eichhörnchen (8), Fleisch (8), heiraten (8), Kreis (8), Reifen (8), weich (8), (…) Eimer (3), Eisen (3) (…) Kreide (2)

In (An-)Lauttabellen findet sich als Repräsentant fast ausschließlich ein *Eis* (Platz 17, 121), seltener ein *Eimer* (3). Eine Eistüte mit drei Kugeln: Wer beachtet die Zahl *drei* (Platz 11, 205) in diesem Kontext?

Als Repräsentanten denkbar sind: *ein Eis* mit *zwei* (Platz 5, 294) Kugeln und die Zahlen *eins, zwei, drei*, wobei *eins* (25) das Phonem /aɪ̯/ im Anlaut bietet. Einfachste Variante: *Ein Ei* oder *Eier* (8) (Möglichkeit, die häufige -e+r-Endung anzusprechen). In Lauttabellen findet sich zum Langvokal /a:/ meist eine *Ameise* (1), die zur Lautbesprechung genutzt werden kann, wenn für /a:/ kein anderer Repräsentant gewählt wird.

Zu überlegen ist, welche Wörter zur Einführung der Phonem-*Basis*graphem-Korrespondenz genutzt werden könnten. Viele

Einträge bestehen aus Basisgraphemen, so dass die Auswahlmöglichkeit groß ist.

ein/eine	mein(-)/dein(-)/sein(-)	nein
bei weil	eins zwei drei	teilen leise leicht
schreiben Seite	Ei Eis	Seil Leiter Eimer

Die Orthographeme <ai> & <eih>

Für die Orthographeme <ai> und <eih> finden sich in der Auszählung nur 25 bzw. 24 Einträge (je **0,20 %**).

Alle Einträge: <ai>: Hai (Fremdwort) (23), Waisen(-) (2)
<eih>: Weihnachten/Weihnachts(-) (23), leihe (1)

Hai (entlehnt aus niederl. Haai), Waisen (mhd. weise; Homonyme: Weise-Waise) und zehn weitere Wörter mit <ai>, die in Materialien zu finden sind (in der Auszählung nicht): Mai (mhd. noch meie; ital. Gott des Wachstums: lupiter maius), Mais (Fremdwort; urspr. karibische Indianersprache, über Kolumbus span. maiz), Kaimauer (Kai = Mauer eines Hafenbeckens, aus niederländisch kaai entlehnt), Kaiser (entlehnt vom Eigenname Caesar, mhd. keiser), Laie (urspr. griechisch: zum Volk gehörig), Eigennamen von Stadt-/Fluss: Mainz, Main, Taifun (griech. typhon oder chinesischer Ursprung: tai-feng großer Sturm). Homonymie-Unterscheidung: Seite vs. Saite (mhd. seite, im 17. Jhd. zugunsten einer Unterscheidbarkeit geändert), Leib vs. (Brot-)Laib (mhd. hleip; heute nur noch regional genutzt).

Im Anfangsunterricht sollte nur der Monat (*Mai*) als Merkwort angeboten werden. *Mais* findet sich in zahlreichen Materialien, wenn es um Reime geht: Mais - Reis. Bitte nie solche Ausnahmen präsentieren, da dies zu Verwirrungen führt und von der eigentlichen Idee der Minimalpaare ablenkt.

Weihnachten (mhd. wīhenaht, aus dem ausgestorbenen Adjektiv *weich* mit der Bedeutung „heilig“ (heute noch: weihen; heilige Nacht). *Leihen* (mhd. līhen; borgen) und acht Wörter mit <eih>, die nicht in der Auszählung zu finden sind: gedeihen (mhd. gedīhen), Geweih (mhd. gewī(g)e: Geäst), Reihe (mhd. rīge), Reiher (mhd. reier), seihen (mhd. sīhen ausgießen/filtern; Begriff in der Lebensmittel-/Arzneiproduktion), verzeihen (mhd. verzīhen), weihen (mhd. wīhe; heilig machen), Weiher (mhd.wī(w)ære; Fischbehälter).

Auch hier: Bitte nur *leihen, Reihe*, *verzeihen* und/oder nach Bedarf: *Weihnachten* (und *Geweih*) als Merkwörter anbieten. Niemals <eih> auftrennen und das „h“ hörbar machen. Es ist eine Längemarkierung, die im Grunde überflüssig ist, da der Diphthong bereits zu den Langvokalen zählt.

Am Rande: Bitte nicht (Fremd-)Wörter wie Tr<u>ai</u>ner/tr<u>ai</u>nieren (4), f<u>ai</u>r (2), Medaille (2) oder <u>Ai</u>rbag (1) hinzuzählen. Diese Phonem-Graphem-Korrespondenzen zählen nicht zu /aɪ/.

Die Fehlschreibungen zu /aɪ̯/

Es finden sich nur 35 Fehlschreibungen (Fehleranteil: 0,28 %). Im Anfangsunterricht können *a+i-Schreibungen für /aɪ̯/ durchaus vorkommen, aber sie verschwinden durch die Nutzung frequenter Wörter meist ohne explizite Thematisierung. Bedenklich sind Übergeneralisierungen in den untersuchten Klassenstufen (3-5).

Die folgende Tabelle zeigt die konkreten Fehlschreibungen:

	BG für OG (17) ***<ei> für <ai>/<eih>**	**OG für BG** (18) ***<ai>/*<eih> für <ei>**
Kl. 3 (19)	**11** *Heien/Heie (2) *Weinachten/Weinchmark (9)	**8** *Bademaister, *belaidigt, *fraitags, *haieln (heilen) *maisten *heihse *reihn, *Feiher
Kl. 4 (9)	**1** *Heien	**8** *prais *Eihmwohnern, *Freihbad, *Geburtstagfeiher, *reihn, *schreihent, *seihn, *steihlen
Kl. 5 (7)	**5** *Weinacht (5)	**2** *reihn, *weihl

Tab. 24 Alle Fehlschreibungen zu /aɪ̯/

15 Wortschatz, Phonem-Graphem-Relationen und Fehlerverteilung zu dem Phonem /a:/

Der Langvokal /a:/ wird mit dem Basisgraphem <a> (z.B. *waren, sagen*), mithilfe der Längemarkierung <ah> (z.B. *fahren*) und – äußerst selten – mit dem Doppelvokal <aa> (z.B. *Haar*) abgebildet.

Phonem	**Basisgraphem**	**Orthographem**	**Orthographem**
/a:/	**<a>**	**<ah>**	**<aa>**
3. Klasse			
Richtige Schreibung	4.989	231	16
Fehlschreibung (3,6 %)	63	112 (+5)	10 (+6)
4. Klasse			
Richtige Schreibung	5.209	369	27
Fehlschreibung (2,5 %)	44	84 (+1)	12 (+2)
5. Klasse			
Richtige Schreibung	2.375	223	14
Fehlschreibung (1,8 %)	19	21 (+2)	5
Richtige Schreibungen (13.453)	12.573	823	57
Fehlschreibungen (386)	126	225	35
Gesamt (13.839)	**12.699**	**1.048**	**92**
Prozentwerte	**91,76 %**	**7,57 %**	**0,67 %**

Tab. 25 Basis- und Orthographeme zu dem Phonem /a:/

Zu rund **92 %** werden die Schreibungen zu /a:/ durch das Basisgraphem repräsentiert. Nicht zum Langvokal zählt hier *Mama* (aus franz. Maman, lat. mamma, die lautliche Umsetzung wird unterschiedlich gesehen: 2x Kurzvokal oder Kurz- und Langvokal im Auslaut, was aber als veraltet gilt). Gleiches gilt für *Papa* (*Oma/Opa* – Langvokal /o:/ im Anlaut; Herkunft, s. a. Bd. 1).

Die Top 20 mit dem Basisgraphem <a>

1. waren/war/warst (1.984)
2. sagen (1.340)
3. haben/habe/habt (1.333)
4. da/da(-) (1.308)
5. nach/(-)nach(-) (945)
6. aber (836)
7. (-)Tag/Tage (714)
8. (ein-)mal (weitere Verknüpfungen s.u.) (546)
9. kamen/kam (433)
10. ja (432)

Platz 11-20
Frage/fragen (390), Vater(-) (266), baden/Bade- (258), Schlaf/schlafen (162), gab/gaben (118), grad(e)/gerade (107), Abend (105), (Fahr-/Motor-)Rad (99), Spaß (92), Name(n) (69)

Zusammengezogen decken die **Top 20 83 %** der Schreibungen zu /a:/ ab (knapp **91 %** der Basisschreibungen). Die **Top 10** umfassen gut **71 %** der Gesamtsumme bzw. **78 %** der BG.

Platz 21-50
Dame (68) gar (65), sogar (61), lag(en) (53), Sprache/sprach (45), Straße(-) (45), mag/magst (42), saß(en) (42), klar (39), Nachbar(n) (39), Laden/laden (32), langsam (32), (-)Wagen (31), jagen (26), (-)trag(en) (26), manchmal (24), Abenteuer (23), normal(-) (22), erschrak (20), schlag(en) (20), Schokolade (Fremdwort) (20), zwar (20), Banane (Fremdwort) (18), einsam(-) (18), brachen (17), egal (17), malen (17), las (lesen) (15), (-)Hafen (13), Plan/planen (13)

Die **Top 50** decken **90 %** der Schreibungen zu /a:/ ab (**98 %** der Basisschreibungen).

Weitere (in Auswahl): Kommissar (Fremdwort) (13), rasen (Verb) (10), Star (Fremdwort) (10), trat(en) (10), tatsächlich (9), Adler (8), aß (8), graben (8), schade (8), sparen/Spar(-) (8), B/blasen (7), Nase(n) (6), Tafel (6), Nadel (5), Plakat (5), Gras (4), Hase (4), Lager (4), Laken (4), Salat (4), Schnabel (4), Tal (4), magisch (3), Nagel (3), Rasen (3), Schal (3), Glas (2), Hagel (2), Kabel (2) (…)

Viele Wörter werden mit *da-* gebildet [Platz 4]: da (809), danach (201), damit (65), dabei (47), dahin (28), davon (27), darauf/daraufhin (25), dafür (23), daran (14), darum (13), daneben (12), darüber (8), dazu (8), darin (6), darunter (6), dadurch (5), davor (4), daraus (2) plus einzelne Einträge.

In (An-)Lauttabellen findet sich für /a:/ immer eine *Ameise* (1) (ahd. *a–, ab* „weg, fort, ab“ und ahd. *meizan* „schneiden“, mhd. ameize).

Denkbar ist auch *Adler* (8) (mhd. adel–are, „edler Ar“ (Ar = Raubvogel). Zu überlegen ist, ob es unbedingt der Anlaut sein muss, da der Langvokal /a:/ grundsätzlich eher im Inlaut zu finden ist.

Frage/fragen (390, OG <g> für /k/ in fragt) gehört wie *sagen (1.340;* sagt) zum essenziellen Schreibwortschatz, so dass die Einführung des Fragezeichens im schulischen Kontext frühzeitig erfolgen sollte (als Piktogramm meist schon vor Schulbeginn bekannt).

Mögliche Wörter zur Einführung der Phonem-*Basis*graphem-Korrespondenz:

ja aber da(-) nach habe(n) war/waren

sagen/fragen schlafen baden malen klar (ein-)mal

Frage Tage Name Nase Tafel Gras Ameise Adler

Bitte nicht *Lama* (0; Fremdwort; seltene -a-Endung) als Ankerwort nutzen, das in Fibeln oft auf den ersten Seiten eingesetzt wird.

Das Orthographem <ah>

Die Längemarkierung <ah> (1.048) tritt mit **7,67 %** der Schreibungen zu /a:/ auf. Insgesamt finden sich 24 Einträge.

Top 10
1. F/fahr- (nicht fährt, fuhr etc.) (449)
2. sah(-) (202)
3. Jahr (186)
4. nahm(en) (83)
5. Zahl/(be-)zahlen (26)
6. Bahn(-) (17)
7. geschah (16)
7. (-)wahr/Wahrheit/wahrscheinlich (16)
9. Hahn (13)
10. Ahnung/ahnungslos (7)

Rest: Zahn (6), befahl (5), Fahne (4), Gefahr (4), Strahlen/strahlen (4), nah (2), Vorfahre (2), aufbewahrt, erfahren, ermahnen, Stahl, stahlen, Wahl

Fahr-/fahr- deckt allein knapp **43 %** der Einträge mit <ah> ab, die **Top 3**: rund **80 %**.

Das Orthographem <aa>

Das Orthographem <aa> ist – wie die Doppelvokale <ee> und <oo> – sehr selten (92, **0,67 %** der Gesamteinträge zu /a:/).

Alle Einträge
paar (Pronomen) (59), Haar(-) (25), Paar (Nomen) (6), Saal, Waage

Restliche Merkwörter, die nicht in der Auszählung zu finden waren: Aal, Aas, Saat, Staat, (Stadtname: Aachen).

Die Fehlschreibungen zu /a:/

Der Fehleranteil liegt insgesamt bei **2,8** %. Die Fehlschreibungen (386) aller SuS zeigen, dass im Fall der Unsicherheit hauptsächlich das Basisgraphem genutzt wird (**62 %**). 16 Fehler (Tab. 25; in Klammern) zeigen strukturell eine Vertauschung mit dem Kurzvokal durch Kürzemarkierung bzw. zwei unterschiedliche Konsonanten, die folgen: Kl. 3 (11): *Harre (4), *Farne/Fanne (2), *farrer/varrer (Fahrer, 2), *Hann, *parr, *Warge; Kl. 4 (3): *Harre, *parr, *sarh; Kl. 5 (2): *nammte, *zallen.

Die restlichen Fehler (370) finden sich in folgender Übersicht:

	BG für OG (239)	**OG für BG** (126)	**OG für OG** (5)
Kl. 3 (185)	**<a> für <ah> (112)** *gefaren/fart/farrad/farat/faraht/Farhat/farhen (52), *nam/namen (17), *sa/sar/saman (14), *jare/jarhe (8), *gescha/geschar (6), *wa/war (5), *han (3), *zalen/besalt (3),	**<ah> für <a> (63)** *wah/wahrn/wahren/vahren (40), *kahm (6), *dah/ dahr (5), *sahs/sahß (saß) (3), *mahl (2), *sahgt (2), *fahter, *faraht,	**<ah> für <aa> (2)** *Hahr, *pahr

	warscheinlich, *Eisenban, *befal, *strale **<a> für <aa> (8)** *Hare (4), *par/bar (paar) (4)	*sogahr, *tahten, *wegetahn	
Kl. 4 (140)	**<a> für <ah> (84)** *gefaren/farhen/Farat (31), *nam (25), *sa/san (9), *gescha/ geschar (5), *anung/arnung (5), *Be-zalehn/bezalen (2), *ware/ warscheinlic (2),*ante, *banen, *Jareszeit, *Mal-zeiten,*Wasserhan **<a> für <aa > (9)** *par/gepart (9)	**<ah> für <a> (44)** *wahren/wahr/wahreh n (27), *dah/dahr (3), *(ein)mahl (3), *getahn (3), *kahm (3), *egahl (2), *sahgte, *sahs, *gahb	**<ah> für <aa> (3)** *pahr (3)
Kl. 5 (45)	**<a> für <ah> (21)** *Bezzal/bezalt/zal (4), *nam (4), *Farrad/Faredern/faren (3), *jare (3), *zal (2), *er mane, *geschar, *sa, *stralend *ware **<a> für <aa> (5)** *ehepa (4), *hare (1)	**<ah> für <a> (18)** *wahren/wahr (12), *sahgte (2), *bahden, *dah, *ge frahgt, *kahm **<aa> für <a> (1)** *daa	

Tab. 26 Alle Fehlschreibungen zu /a:/

Die Schreibung frequenter Wörter wie *waren/war* sind auch in Kl. 3-5 nicht immer gefestigt. Ungeklärt ist, ob die Fehler durch Vertauschung mit dem Homonym *wahr* entstanden oder durch zahlreiche Übungen zum Rechtschreibphänomen (Längemarkierung) und entsprechender Übergeneralisierung. Die reguläre Morphemkonstanz *fahr-* oder z.B. *nehm-nahm, sehen-sahen* wird scheinbar nicht als Anker genutzt.

16 Wortschatz, Phonem-Graphem-Relationen und Fehlerverteilung zu dem Phonem /i:/

Der Langvokal /i:/ wird mit dem Basisgraphem <ie> (*die, sie* u.a.) bzw. mit den Orthographemen <i>, <ih> und sehr selten mit <ieh> verschriftet. <ih> findet sich nur in acht Personal- bzw. Possessivpronomen (*ihr, ihn, ihre* u.a.).

Phonem	BG	OG	OG	OG
/i:/	<ie>	<i>	<ih>	<ieh>
3. Klasse				
Richtige Schreibung	3.821	(742) 917	356	23
Fehlschreibung (11,2 %)	484 (+2)	(16) 29	66	63
4. Klasse				
Richtige Schreibung	4.157	(614) 951	425	52
Fehlschreibung (7,3 %)	317	(22) 28	68	27
5. Klasse				
Richtige Schreibung	1.752	(465) 527	102	11
Fehlschreibung (6,7 %)	112 (+2)	(17) 23	25	10
Richtige Schreibungen (13.094 bzw. 12.520)	9.730	(1.821) 2.395	883	86
Fehlschreibungen (1.256 bzw. 1.231)	917	(55) 80	159	100
Gesamt (14.350 bzw. 13.751)	**10.647**	**(1.876) 2.475**	**1.042**	**186**
Prozentwerte	77,43 % **74,20 %**	13,64 % **17,25 %**	7,58 % **7,26 %**	1,35 % **1,29 %**

Tab. 27 Basis- und Orthographeme zu dem Phonem /i:/

76 % der <i>-Schreibungen beziehen sich auf die Pronomen *wir, mir, dir* (sowie gib(t) und *wider(-)*; zusammen 1.876). Die restlichen Schreibungen zu <i> finden sich ausschließlich in Fremdwörtern. In der Übersicht wurde dies aufgrund der Ballung parallel aufgeführt (inkl. Fremdwörter; 2.475; ohne Fremdwörter 1.876). In dieser

Auszählung geht es um den Wortschatz der SuS, deshalb wurden auch Fremdwörter aufgenommen. Fremdwortschreibungen sind meist, jedoch nicht immer, nach den Prinzipien der deutschen Schrift aufgebaut und sollten deshalb im Anfangsunterricht sehr reduziert angeboten werden. Zum <i> finden sich fast ausschließlich Fremdwörter, so dass hier mit zwei parallelen Werten gearbeitet wird (mit und ohne die Fremdwörter; sprich <i> umfasst 13,64 % bzw. 17,25 %, s. Tab. 27).

In der 2011er-Auszählung (Thomé/Siekmann/Thomé) fielen 72,1 % auf das BG <ie>, 17,6 % auf <ih>, 8,9 % auf <i> und 1,4 % auf <ieh>.

Im Vergleich zu literarischen Texten Erwachsener, ist <i> in *wir, mir, dir* häufiger vertreten als <ih> in den Personal-/Possessivpronomen (*ihn, ihm, ihren* etc.). Während Kinder subjektive Erfahrungen schildern und erst durch geistige Reifung und schulische Lenkung zu objektiveren Sichtweisen gelangen (Piagets Theorie), schreiben Erwachsene distanziert(er) und reflektiert(er). In Texten von Erwachsenen geht es weniger um „*wir*“ (und „*ich*“ – s. Kurzvokal /ɪ/, Platz 1 in Kapitel 17).

Wichtig für die schulische Praxis: Das BG ist häufiger als in der 2011er-Auszählung vertreten und die relevanten Orthographeme beziehen sich auf insgesamt nur ***12-14*** Worteinträge, die im Sinne der frühen Textproduktion als Lernwörter zu vermitteln sind.

Bei dem Basisgraphem <ie> decken die **Top 20** gut **65 %** der Schreibungen zu /i:/ ab (ohne die Fremdwörter zum OG; inkl. der Fremdwörter gut 62 %) und **84 %** der Basisschreibungen. Die **Top 10** umfassen gut **77 %** des BGs, Platz 1+2 (*die* + *sie*) allein rund **55 %**.

Die Top 20 mit dem Basisgraphem <ie>

1. die (3.235)
2. sie (2.581)
3. S/spiel(-) (612)
4. wieder/wieder(-) (415)
5. viel/viel(-) (365)
6. wie (307)
7. flieg(en) (195)
8. lieben/Liebe/Lieblings- (168)
9. rief(en) (143)
10. hier (135)

Platz 11-20
dies(e,er,en,es) (126), hieß (95), Tier(-) (94), krieg(en) (82), schlief(en) (80), lief(en) (78), nie/niemals (72), lieg(en) (67), schrie(en) (63), vier (55)

Platz 21-50
Dieb/Diebe (52), fiel(en) (46), (an-/ab-)schließ(-) (44), wieso (41), Spaziergang/spazieren (39), Riese/riesig (36), passieren (34), Dienst/dienen (33), vielleicht (33), lies(t) (29), (un-)zufrieden/Friede/friedlich (29), Brief (26), niemand (24), tief/Tiefe (24), (-)blieb(en) (22), stieg(en) (22), ließ(en) (20), verschieden (16), Wiese (16), schieß(en) (15), Beispiel (14), probieren (14), sieben (14), neugierig/Neugier (13), schrieb(en) (13), frier(en) (12), Lied(er) (11), schien (11), Abschied/verabschieden (10), hielt (10)

Die **Top 50** bilden rund **91 %** der Basisschreibungen ab (rund **68 %** der Gesamtschreibungen).

Weitere (in Auswahl): u.a. Dienstag (9), genießen (7), Knie (7), Fieber (6), schwierig(-e)/Schwierigkeiten (6), Spiegel (6), (…) Ziel(e) (4), Biene (3), Papier (3), Riegel (2) fies (2), Ziege (2), Fliege (0, aber fliegen Platz 7) (…)

In den meisten (*An-*)Lauttabellen wird, auch nach jahrzehntelanger Diskussion, ein stacheliger Repräsentant gewählt. Einige Tabellen nutzen ausschließlich *Igel* (keine Unterscheidung von Lang-/Kurzvokalen, OG <i> für den Langvokal). Bedingt durch die festgefahrene Anlautidee führt dies jedoch zu Schreibungen wie *si, *di, *krige usw. (selbst in Kl. 3 und höher, s. Fehlschreibungen). Wenige Tabellen nutzen *Wiese* (16) oder *Biene* (3) als Repräsentant (neben einem Kurzvokal-Repräsentanten z.B. *Insel*). Das BG <ie> wird in vielen Schulbüchern als „Besonderheit" in weniger frequenten Wörtern thematisiert. Bitte kurz bedenken: Gut **74 %** (bzw. 77 % ohne Fremdwortballung) aller Schreibungen zu /i:/ werden zu einer „Merkstelle" degradiert und das Igel-i als Anker propagiert.

Tier (94) als Oberbegriff wäre ein gutes Ankerwort oder *sieben* (14) *Tiere* (aber bitte nicht die Besonderheiten aufzählen, wie üblich: Tiger, Biber, Pinguin und Co. sondern Biene, Ziege, Fliege). *Sieben Bienen* oder *Brief*(e) (26) (schreiben, geschr*ieb*(en) (13); lesen-*liest* (29)) sind ebenfalls sinnvoll für die Arbeit an der Basisschreibung.

Zu überlegen ist, welche Wörter zur Einführung der Phonem-*Basis*graphem-Korrespondenz genutzt werden könnten:

die sie diese(-)

wie/wieso wieder hier nie/nie(-)

kriegen (kriegt) lieben (liebt) fliegen

rief(en)/lief(en) tief riesige (riesig) sieben

Tier(e) Biene Fliege Brief Wiese

Das Orthographem <i>

Das OG <i> (inkl. Fremdwörter, 2.475) deckt **17 %** der Schreibungen zu /i:/ ab. Die Personal-/Possessivpronomen *wir, mir* und *dir* finden sich in den Texten der SuS neben *gib(t)* (geben) in hoher Anzahl (das Homonym *wider* vs. wieder ist selten). In *gibt* wird <i> regional auch kurz ausgesprochen: [gɪpt] statt [gi:pt] (Sprachwandel, der zumindest schon zu parallel existierenden Aussprachen führt, standardlautlich gilt der Langvokal). Neben diesen 1.876 Einträgen findet sich das OG in Fremdwörtern, die im Anfangsunterricht weitestgehend ausgeklammert werden können.

Alle Einträge
wir (1.332), **mir** (318), gib/gibt/gibst (113), **dir** (109), erwidert/widerspreche (4)

Auswahl an Fremdwörtern (insg. 599 Einträge): Familie (147x2!), Ferien (64), Detektiv (32), Kiosk (26), Ski(er) (21), Diamant (18), Musik (18), Bikini (12), Delfin (12), Trampolin (10), Tiger (9), Vampir (9), Fabrik (8), Kaninchen (6), Kino (6), *Igel* (5), Kabine (5), lila (5), Dino (4), Kilo (4), Maschine (4), Pinguin (2), prima (2) (…)
Einzelne Einträge: Biber, Krokodil, Termin u.a.

Familie (147; urspr. aus lat. entleht: familia, franz. Einflüsse famille führten zum Wandel zu Famili-e, /fami:li:ə/) und Ferien (64; aus lat. fēriae (Plur.) entlehnt, Feri-en /fe:ri:ən/) sind mögliche Merkwörter, die von Interesse sein könnten.

Wichtiger: *wir, mir* und *dir* neben den acht Einträgen zu <ih> als Merkwörter thematisieren. Werden die frequenten <i>- und <ih>-Wörter zusammengezogen und trainiert, ist ein Großteil der seltenen Schreibungen verstanden (11 + *gibt; Familie* und *Ferien* bei Bedarf). Demgegenüber sollte eine Vielzahl an frequenten Wörtern mit <ie> stehen, um die Nutzung dieser basalen Schreibung zu festigen.

Das Orthographem <ih>

Das Orthographem <ih> (1.042) findet sich in *acht* Personal-/ Possessivpronomen und deckt rund **8 %** der Schreibungen zu /i:/ ab.

Alle Einträge
ihr (293), ihn (206), ihm (176), ihre (128), ihnen (74), ihren (72), ihrem (51), ihrer (42)

Die **Top 3** entsprechen **65 %** der <ih>-Schreibungen. Gut 15 % der Einträge wurden falsch geschrieben (s. Fehlschreibungen).

Das Orthographem <ieh>

Das Orthographem <ieh> (186) findet sich in sieben Einträgen und ist mit knapp **1,3 %** der Schreibungen zu /i:/ äußerst selten und entsprechend fehleranfällig (38 %).

Alle Einträge
sieh(-) (105), (aus-/er-/um)zieh(en)/Erzieher(-) (72), flieh(en) (3), geschieht (3), Einzelne Einträge (3): ausgeliehen, befiehlt, wiehern

Die Fehlschreibungen zu /i:/

Insgesamt (inkl. Fremdwörter) finden sich 1.256 Fehlschreibungen und ein Fehlerwert von rund 9 % (mit & ohne Fremdwörter). Der Großteil der Fehler findet sich bei den Übergeneralisierungen (OG für BG). Vorausgesetzt, dass die SuS Lang-/Kurzvokale unterscheiden können und die Basisschreibung für den Langvokal /i:/ kennen: <ie> (BG für /ɪ/: <i>; Kap. 17). Ein *Igel* in Lauttabellen suggeriert, dass auch der Langvokal meist mit <i> geschrieben wird. Ein Vermittlungsfehler, der sich in den Schreibungen sehr deutlich zeigt (hier handelt es sich wohlgemerkt um Klassenstufen 3-5, nicht Kl. 1-2).

Vier offensichtliche Vertauschungen der Vokallänge (Kürzemarkierung durch Doppelkonsonanz; Tab. 27; in Klammern) finden sich in Kl. 3 & 5: *ville für fiel (je 1x), *willes für vieles, und *abschlissen.

Die restlichen 1.252 Fehler finden sich in folgenden Übersichten:

Phonem /i:/	Basisgraphem für Orthographem	Orthographem für Basisgraphem	Orthographeme vertauscht
3. Klasse Absolute Zahl	**52**	**484**	**106**
4. Klasse Absolute Zahl	**36**	**317**	**87**
5. Klasse Absolute Zahl	**22**	**112**	**36**
Gesamt (1.252)	**110**	**913**	**229**
Prozentual	**8,8 %**	**72,9 %**	**18,3 %**

Tab. 28 Die jahrgangsspezifische Verteilung der Fehlschreibungen zu /i:/

Das OG <i> (Einfachschreibung wie bei Igel) wird innerhalb der 1.256 Fehlschreibungen zu **87 %** genutzt (für das BG und für die anderen OG). Das BG <ie> wird nur zu rund 9 % für die Orthographeme eingesetzt, das OG <ih> zu 4 % für <i> und <ieh>.

	BG für OG (110)	**OG für BG** (913)	**OG für OG** (229)
Kl. 3 (642)	**<ie> für <i> (29)** *wier (9), *famielie (7), *Dedektief (6), *gieb/giebt (3), *dier (3), *Krokodiel **<ie> für <ieh> (19)** *siet/sied/siest (11), *ziet/zien (6), *vlien, *geschiet **<ie> für <ih> (4)** *iers, ier, iere, ierer	**<i> für <ie> (481)** *wider (74), fligen/fligt/flikt/ Flige (44), *geschpilt, spilen/ spilt/spild (44), *hir (37), *gekrigt/krigen/kirikt/krikst/ gekricht/ grige (27),*fil/vile (27), *likt/ligt (17), *passirt(e) (13), *Lib/Lip(-)/Liblings (13), *S/spazir(-)/spasirgank (13),),*di/diese/disem (12),*hiß/his (12),*ferdinen/verdind/fadinen/* Diner/Dinerin (8), *list/lis (8), *si (7), *blib/bliben/aufgeplibin (6), *Brif (6), *nimant/nimat/ ninand/mimand (6), *(an)schliß(-) /schlislich (6), *wi/wiso (6), *p/brobir(-) (5), *rif/rifen (5), *risig/risigen/Rise (5), *schlif/schlifen (5), *Dibe (4),*Fiber (4), *fridlich/zufriden (4),*gestigen (4), *enschiden (3), *kapirte (3), *knit/Knni (3), *Lid(er) (3), lif (3), *Paradis (3), *schmiren/ geschmirt (3), *angeschrin/schri (3), *Wise (3), *frirt (2), *geschriben (2), *pigt/ pikt (2), *Tir (2), *Tonire/Turnir (2), *zimlich (2); Einzelne Einträge (20): u.a. *fiber **<ih> für <ie> (3)** *tihre, friht, schrih	**<i> für <ih> (62)** *im (17), *in (12), *ire/irhe (12), *ir (10), *iren (6), *irem (2), *inen, *irer, *irh **<i> für <ieh> (25)** *sit/sid/si/sist (17), *zit/zichen (6), *geschit (2) **<ih> für <ieh> (19)** *umzihn/ziht/zit/zih et/zich (13), *siht (4), *befihlt, *flihen

Kl. 4 (440)	**<ie> für <i> (25)** *wier (9), *Vampier (3), Giep/giebt/gieb (3), *mier (3),*dier (2), wiederspricht/ erwiedern (2), *Delfiene, *Kau-gummie, *Maschiene **<ie> für <ieh > (9)** *siet (7), *befielt, *fliet **<ie> für ih> (2)** *ieren, *ier	**<i> für <ie> (317)** *wider (65), *flig (43), *hir (29), *wi(so) (15),*hiß/his (13),*v/file (10),*dis(en) (9), *spilen (8),*ni(mand) (8), *dinen (7),*schlif (7), *ligen (6),*schliß(lich) (6),*krigen (5),*Liblings- (5),*lif (5), *list (5),*pasiert (5),*rif (4), *spaziren (4),*stigen (4),*tif (4),*blib (3),*krichen (3), *neugirig (3),*risig/risen (3),*schiße/schis (3),*Brif (2),*liß (2), *pipt (2), *schwirig (2),*verschiden (2), *zufriden (2); Einzelne Einträge (23): u.a. *Dinstag, *si, *tir (...)	**<i> für <ih> (66)** *im (28), *in (24), *inen (7), *ir/ire/ irem (7) **<ih> für <i> (3)** *wihr (3) **<ih> für <ieh> (18)** *zihen (13), *siht (5)
Kl. 5 (170)	**<ie> für <i> (21)** *wier (14), *Familie/ famiele (5), *dier, *türkies **<ie> für <ieh> (1)** *siet	**<i> für <ie> (111)** *wider/widar (23), *Liblings/ Libsten (12), *gespilt/ spiln (9), *diser/ dise/dises (5), *ni/niwider/nimer/nimant (5), *Fernbedinung (3),*Krig (3), *talentirt (3), *zufriden (3), *brif (2), *gekrigt/ krige (2), *gefil/fil (2), *risige/isen (2), verdinen (2), Einzelne Einträge (35) **<ieh> für <ie> (1)** *schrieh	**<i> für <ih> (25)** *in (14), *im (6), *inen, *inenen, *ir, *iren, *irem **<i> für <ieh> (4)** *Erziarin, umzin, *ausgelin, *ferzich f. verzieh **<ih> für <ieh> (5)** *anzihn (2), siht/ sihst (3) **<ih> für <i> (2)** *mihr (2)

Tab. 29 Alle Fehlschreibungen zu /i:/

Fraglich ist, ob der Langvokal /i:/ immer korrekt vom Kurzvokal /ɪ/ unterschieden wurde. Die Fehler zum Kurzvokal /ɪ/ (Kap. 17) zeigen, dass hier große Verunsicherung herrscht. Die Vermutung liegt nahe, dass die häufige Einfachschreibung <i> für /i:/ mit *Anlaut*tabellen und einem „schlechten“ Übungswortschatz zusammenhängen (gefestigte Fehlschreibungen; hier noch in Kl. 3-5).

17 Wortschatz, Phonem-Graphem-Relationen und Fehlerverteilung zu dem Phonem /ɪ/

Der Kurzvokal /ɪ/ wird mit dem Basisgraphem <i> verschriftet (z.B. *mit, ich*), in absoluter Ausnahme auch mit <ie>. Zusammenschlüsse mit *vier-* wie Viertel/vierzig zählen zu /ɪ/; vier: BG <ie> für /i:/; dies ist im sprachlichen Wandel; vgl. das Aussprachewörterbuch Duden (2023), in dem Lang- & Kurzvokal bei den Zusammenschlüssen gleichgestellt sind). In der Auszählung finden sich die Einträge: *vierzehn, vierzig* und **virtel (Viertel)* in Kl. 3 und 4. Für die schulische Praxis überflüssig, dies anzumerken. Sprich: Der Kurzvokal /ɪ/ wird mit <i> verschriftet.

Phonem	**Basisgraphem**	**Orthographem**
/ɪ/	**<i>**	**<ie>**
3. Klasse		
Richtige Schreibung	6.756	1
Fehlschreibung (0,7 %)	51	-
4. Klasse		
Richtige Schreibung	7.697	1
Fehlschreibung (0,6 %)	47	1
5. Klasse		
Richtige Schreibung	3.637	-
Fehlschreibung (0,2 %)	8	-
Richtige Schreibungen (18.092)	18.090	2
Fehlschreibungen (107)	106	1
Gesamt (18.199)	**18.196**	**3**
Prozentwerte	**99,98 %**	**0,02 %**

Tab. 30 Basis- und Orthographem zu dem Phonem /ɪ/

Die **Top 10** zeigen, dass der Kurzvokal in vielen kleinen Strukturwörtern zu finden ist.

Die Top 20 mit dem Basisgraphem <i>

1. ich (2.736)
2. ist (1.601)
3. in (1.312) (+ ins, *in das*) (320)
4. mit/mit(-) (1.203)
5. sich (1.055)
6. nicht (907)
7. sind (798)
8. im (630)
9. ging(en) (532)
10. bin/bist (429)

Platz 11-20
Kind/Kinder (415), immer (282), mich (239), will/willst (186), (-) Zimmer (175), hin/hin(-) (166), bis (161), plötzlich (152), spring(-) (145), S/schwimm(-) (136)

Die **Top 10** decken **63 %** der gesamten Schreibungen zu /ɪ/ ab, die **Top 20** umfassen rund **75 %** der Gesamtsumme.

Platz 21-50
sitz(en) (124), Polizei (120), traurig(-) (120), glücklich (97), dich (96), Winter(-) (89), wird (88), nichts (84), (-)find(en) (83), Tisch(-) (79), endlich (77), hinter(-) (76), richtig(-) (74), (be-)stimmt (68), Geschichte(-) (66), damit (65), fröhlich (65), Lieblings(-) (65), fertig (59), König(in)/königlich (59), Minute (Fremdwort) (59), Fisch/fischen (58), H/hilf(-) (58), bisschen (57), bring(en) (55), drin/drinnen/innen (52), irgend(-wann, -wie u.a.) (45), isst (44), B/bitte (40), nämlich (40)

Die **Top 50** bilden **87 %** der Gesamtschreibungen ab, die **Top 100** rund **94 %**. „*Irgendwie, irgendwo, irgendwann*" kann nach Häufigkeiten auch anders sortiert werden: ***irgend-*** (45) [wann (17), -wie (15), -wo (5), -was (4), -ein/wer je (2)]

Platz 51-100

Schlitten/Schlittschuh (39), Giraffe (Fremdwort) (38), Villa/Villen (Fremdwort) (38), Prinz/Prinzessin (37), Film (Fremdwort) (36), Schiff (36), Himmel (34), natürlich (33), nimmt (33), Gefängnis (32), Kiste (31), komisch (31), Lehrerin(nen) (31), Stimme(n) (31), Licht (30), trink(-) (30), E/entschuldig(-en/ung) (29), dick (28), Ritter(-) (27), Bild(er) (25), einige(-) (25), hinten (25), eigentlich (24), Geschwister (24), W/wirklich(-keit) (24), W/wiss(en) (24), dritt(-) (22), Idee (Fremdwort) (22), Mitte/mitten (22), Unterricht (22), Wind/windig (22), Insel (21), schlimm (21), S/silber (21), (Auf-)Tritt(-) (20), Geheimnis (19), Gesicht (19), Witz/witzig (18), (-)schmissen (18), links/linke(-) (17), Mittwoch (17), schimpfen (17), schließlich (17), zittern (17), G/gewinn(-) (16), Schirm (16), stritt(en) (16), einzig(e) (15), klingeln (15), möglich (15)

Weitere (in Auswahl): Pizza (Fremdwort) (15), ängstlich (15), B/blick(-) (14), Brille (14), pink (Fremdwort) (14), fing(-) (14), sicher/sicherlich (14), wenig (14), Kissen (13), rissen (13), beleidigt (12), Ding(e) (12), wild/ Wildnis (12), erwischen (11), Milch (11), Schild (11), still (11), schlich (10), Finger (9), Ring (9), R/ritt (9) (…)

Die Streubreite ist recht groß, u.a. auch durch Endungen wie *-lich, -ig*. Die Endung ***–lich*** ist mit 62 unterschiedlichen Einträgen als Wortbaustein recht häufig (678; + diverse Doppelungen des BGs; hier: s. auch die Top 100; mehr s. Bd. 1, Kapitel 17).

-ig wie traurig, richtig, fertig (s. Kapitel 15, Bd. 1). Wichtig im (Anfangs-)Unterricht: Flektierte Formen nutzen, um zunächst die Auslautverhärtung zu umgehen: *traurige Geschichte*, *wichtige Dinge* etc.

In (An-)Lauttabellen findet sich entweder eine *Insel* (21) oder ein *Indianer* (0) als Repräsentant für den Kurzvokal. *Indianer* und *Chinesen* verschwinden mittlerweile wieder aus den Lauttabellen (Vermeidung von Stereotypisierung/Diskriminierung). Angesichts der wenigen (darstellbaren) Wörter mit Anlaut /ɪ/ ist *Insel* eine gute Wahl.

Wichtig: Ein Repräsentant für den Kurzvokal, ein Repräsentant für den Langvokal (BG <ie> für /i:/ findet sich nur im Inlaut). Neben einer *Insel* können verschiedene (abbildbare) Repräsentanten genutzt werden: *Fisch* (58), *Tisch* (79) u.a. Wörter aus Basisgraphemen (s. Band 1: Bilder zu *Ring, Milch*).

Der Kurzvokal findet sich in vielen kleinen Wörtern, die aus Basisgraphemen bestehen und doch nicht als regulär aufgebaut verstanden werden, da hier die Regel „nach Kurzvokal wird (meist) verdoppelt", nicht umgesetzt wird. Dies ist im Sinne der (Schreib-/Lese-)Effizienz dennoch sehr sinnvoll. Im Unterricht müssen diese häufigen Wörter besprochen werden (sie werden mit Basisgraphemen geschrieben und bieten den gewünschten Grundstock). Zur Erarbeitung der Phonem-*Basis*graphem-Korrespondenz bieten sich beispielsweise folgende Wörter an:

ich bin/bist ist in/im mit bis
sich/mich/dich nicht
hin hinter/hinten komisch sicher
wichtige(-) wirklich finden bringen
Insel Kinder Bilder Geschichte
Tisch Fisch Kiste Prinz Winter Licht

Außer Konkurrenz, weil nur in Fremdwörtern (65): Hobby (21), Party (18), Pony (10), Teddy (8), Gully (3), Handy (3), Baby (1), Memory (1).

Die Fehlschreibungen zu /ɪ/

Die Fehlschreibungen (107; 0,59 %) zeigen, dass dieses Graphem nicht fehleranfällig ist. Die SuS nutzen <ie> (BG des Langvokals) auch vor Doppelkonsonanz/zwei unterschiedlichen Konsonanten, was auf die Unsicherheiten in Bezug auf die Länge des Vokals und die Wahl der basalen Schreibungen schließen lässt (vgl. auch Kap. 16 zu /i:/).

	OG für BG (106) & **BG für OG** (1)
Kl. 3 (52)	**<ie> für <i> (51)** *siech (7), *siend/sient (6), *Fielme/vielme (3), *Freundien (3), giengen/ gienen (3), *sietzt/sietz (3), *spriegen/spiegt/*spriengen (3), *dieke/diecke (2), *einzieg/einziege (2), *gestrieten (2), *biette, *drieter, *fiesch, *gegrielt, *gewiend, *hienauf, *hienter, *iest, *jahriege, *kliegelte, *lilliegsdecke, *Prinsesien, *miet, *rietig, *trieken, *wiert für wird, *Wiesen für wissen **<i> für <ie> (1)** **virtel für Viertel (s.o.)*
Kl. 4 (47)	**<ie> für <i> (47)** *siech (6), *siend (6), *Hielfe (5), *Schlietten/schlietschuh (4), *wielst/wiel (3), *wierd (2), *besietzer, *bien, *Bield, *einbiesen (f. ein bisschen), *einiege, *hien, *hienter, *hungrieg, *gefennies (f. Gefängnis), *Kierche, *lastieg (f. lästig), *liebendieg, *niecht, *rien (f. Ring), *schliech, *sietzen, *spietze, *spriengen, *Taucherbriele, *Tiesch, *vermiest
Kl. 5 (8)	**<ie> für <i> (8)** *Spiennen (2), *Pfief/Pfieff (2), *fien für fing, *geschwiester, *Libliengsmusik, *siend

Tab. 31 Alle Fehlschreibungen zu /ɪ/

18 Wortschatz, Phonem-Graphem-Relation und Fehlerverteilung zu dem Phonem /a/

Das zweithäufigste Vokalphonem ist der Kurzvokal /a/, der immer durch <a> abgebildet wird. Die Verschriftung von /a/ ist nicht fehleranfällig. Es finden sich in Kl. 3 Fehler zum Fremdwort Kamera (5): *Kamaras und Kakao (3; ebenfalls Fremdwort; Fehlschreibung an die dt. Ph-BG-Relation angepasst): *Kakau. In Jahrgangsstufe 5 fand sich eine Vertauschung von Lang-/Kurzvokal: *Stahl für Stall (Homonyme). Da die verwendeten Grapheme nicht zur Relation zählen, werden diese Fehler hier nur am Rande erwähnt.

Phonem	**Basisgraphem**
/a/	<a>
3. Klasse	
Richtige Schreibung	7.384
Fehlschreibung (0,1 %)	8
4. Klasse	
Richtige Schreibung	8.359
Fehlschreibung (-)	-
5. Klasse	
Richtige Schreibung	3.495
Fehlschreibung (0,03 %)	1
Richtige Schreibungen (19.238)	19.238
Fehlschreibungen (9)	9
Gesamt (19.247)	**19.247**
Prozentwerte	**100 %**

Tab. 32 Basisgraphem zu dem Phonem /a/

Die Top 20 mit dem Basisgraphem <a>

1. hat/hast/hatte(-) (1.941)
2. das (1.859)
3. dann (1.157)
4. als (710)
5. machen (699)
6. dass (579)
7. an (524)
8. am (506)
9. was (484)
10. ganz/ganze(-) (393)

Platz 11-20
alle (349), Mama(s) (Fremdwort) (322), kann/kannst (290), (ge-) gang(en) (246), Mann (243), Papa (Fremdwort) (227), alles (215), andere/anderen/anders (212), (-)Wasser(-) (198), (-)standen/(-)stand (187)

Zusammengezogen decken die **Top 20** knapp **62 %** der Schreibungen zu /a/ ab (die **Top 10** rund **46 %**). 11890

Platz 21-50
Ball/-ball (174), ab/ab(-) (167), alt(-) (166), Familie (147), Nacht/ nachts/übernachten (136), Sache(n)/Sach(-) (133), (-)wach(-) (130), antworten/Antwort (124), lang(-) (119), Angst (117), man (Pronomen) (106), Oma (Fremdwort) (106), Klasse(n) (104), dachte (103), Hand (101), lachen (95), angekommen/ankam (89), fand/fanden (87), zusammen (85), A/arbeiten (82), packen/Packung (78), warum (78), also (77), warten (75), (A/an-)fang(en) (73), etwas (72), rannte (72), Katze(n) (71), Stadt (70), Wald (70)

Die **Top 50** umfassen **78 %** der Kurzvokalschreibungen, die **Top 100** rund **90 %**.

Platz 51-100

Opa (Fremdwort) (69), darf/darfst (68), (-)Platz (68), danke/danken (66), F/fall(en) (63), fast (61), krank/Krankheit (61), Arm/umarmen (60), (-)lass(en) (60), (ge-)brachte (59), einfach (59), kaputt (56), allein(e) (55), Strand (55), (-)Tasche(-) (53), schaffen/geschafft (51), Schatz(-) (51), Garten (48), hallo (48), (-)Bank (46), halt(en) (46), sprang(en) (43), jemand (42), platzen (42), Langeweile/langweilig (41), Anzug/Anzüge (41), landen (40), Nachbar(n) (39), passen (39), Spaziergang/spazieren (39), Giraffe (Fremdwort) (38), kalt (38), Palme(n) (38), arm (Adj.) (37), Villa (37), Dach(-) (36), passieren (34), Tante (34), bald (33), Karte(-) (33), natürlich (33), Samstag (33), tanzen/Tanz (33), Angel/angeln (32), langsam (32), Land (31), (irgend-)wann (31), Drache(-) (30), Affe(-) (29), deshalb (29)

Weitere (in Auswahl): u.a. wachsen/Erwachsene (29), wandern/ Wanderung (27), manche (26), warm (26), dran (25), Stall (25), Apfel (24), manchmal (24), niemand (24), schwarz (24), Weihnachten (23), banden/Verband (22), Monat (22), Schrank (22), Farbe (21), Rand (21), überall (20), anschließend (19), Arzt (19), stark (19), acht (18), Diamant (Fremdwort) (18), Falle (Nomen) (18), halb/Halbzeit (18), allen (17), schwamm (17), Watt (17), aller- (beste, liebste) (16), Ast (16), Traktor (16), falsch (15), Jacke (15), (Super-/Floh-)Markt (15), Park (15), Flasche (14), Kasse/ kassieren (14), (…) Lampe (8), Elefant (Fremdwort) (6), basteln (5), Hals (4), hart (4), Papier (3), Mantel (3), Axt (3), atmen (2), April (2), Ampel (1), Amsel (1) (…)

Aufgepasst bei Nachbar(n) (39): Präposition *nach* <a> Langvokal vs. *Nachbarn* <a> Kurzvokal. Arzt (19) & Ärztin (10, s. /ɛ/) werden zum Kurzvokal gezählt (das Duden-Aussprachewörterbuch lässt sowohl den Lang- als auch den Kurzvokal gelten).

In (An-)Lauttabellen wird der Kurzvokal /a/ durch *Ampel* (1), *Affe* (29; nicht zu empfehlen durch das OG <ff>) oder *Apfel* (24) abgebildet (*Äpfel* leider als Repräsentant für den Buchstaben „ä“; für /ɛ/ ist jedoch <e> das Basisgraphem, vgl. Kap. 11). Einige Verlage unternehmen den Versuch alle angedachten Relationen über Tiere abzubilden und setzen z.B. eine *Amsel* (wie Ampel nur einmal in der Auszählung) neben eine *Ameise*. Vorsicht: Die Kinder nutzen den Oberbegriff „Vogel" und wenn *Auerhahn* für <au>, *Collie* für <c>, *Orang-Utan* oder *Oktopus* für <o> als Repräsentanten folgen, wird es lediglich für spätere Bio-/Zoologen ein guter Schreibunterricht.

Apfel (24), Angel/angeln (32), acht (18) oder Arm/umarmen (60) bestehen aus Basisgraphemen und haben den Kurzvokal im Anlaut. Bei *Arm* kann/muss/sollte über Homonyme gesprochen werden (*arm(-)* Adjektiv, 37). Ähnlich, und doch anders, weil unterschiedliche Schreibungen: *Mann* (243) vs. *man* (106). Hier: Regelhafte Kürzemarkierung vs. Basisschreibung von kurzen Funktionswörtern (auch: *hatte* vs. *hat*).

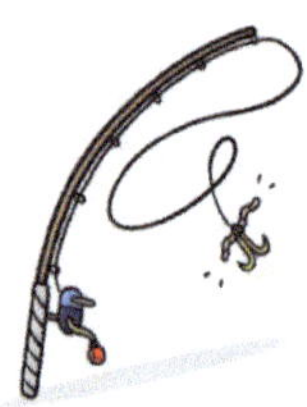

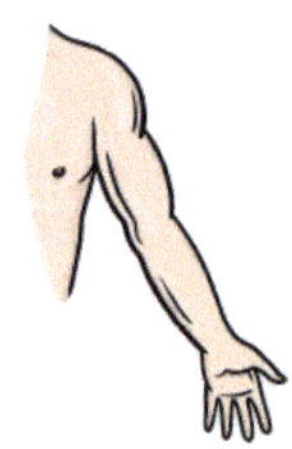

Zu überlegen ist, welche Wörter zur Einführung genutzt werden könnten. ***Hat-hatte*** sollten (trotz der Doppelkonsonanz) neben ***dann*** zum Repertoire der Lernwörter gehören.

hat als das was
an am acht andere ganz
machen lachen warten gegangen dachte
alt wach lang warm einfach
Angel Ast Apfel Nacht Drache Palme Tasche

Einige Wörter mit /a/ im Anlaut enthalten eine Konsonantenballung, die – trotz Basisschreibung – im Anfangsunterricht zu Schwierigkeiten führen kann (z.B. *Angst* (117), Arzt (19)). Mama/Papa/Oma/Opa (Fremdwörter) sind im Wortschatz der Kinder frequent, stellen aber durch die -a-Endung eine Ausnahme dar (vgl. auch Kapitel 15).

Ab (Einzellexem: 70) findet sich in vielen Einträgen (gesamt 167): ab-bilden, -brechen, -brenne, -drehen, -duschen, -fahren, -geben, -holen, -lenken, -nehmen, -nutzen, -reißen, -schließen, -springen, -suchen -zeichen, verabreden, verabschieden u.a.

An (Einzellexem: 524) findet sich u.a. in folgenden Einträgen: anfangen, -greifen, -gucken, -halten, -klopfen, -kommen, -laufen, -locken, -melden, -rufen, -schreien, -ziehen (gesamt rund 300).

An dieser Stelle soll ein exemplarischer Blick auf den Wortschatz in Übungsmaterialien für den Anfangsunterricht geworfen werden, um den Blick auf Bücher/Wortlisten zu schärfen. In Bd. 1 wurde zu /b/ bereits das „Tinto Buchstabenhaus" von Cornelsen als Platzhalter für alle gängigen Materialien erwähnt. Hier werden im „Buchstabenordner" folgende Repräsentanten zum Buchstaben A/a angeboten: *Ananas* (0; Fremdwort; untypische Wortstruktur), *Zebra* (6; Fremdwort, -a-Endung), *Sofa* (4; Fremdwort, -a), *Oma* (106; Fremdwort, -a), *Ball* (<ll>), *Affe* (<ff>), *Ampel, Ast, Arm, acht, Angel, Ameise, Nase, Tafel, Kabel* (dargestellt ist ein Festnetztelefon mit einem sehr kurzen *Kabel*; 2; Fremdwort) sowie ein Esel (?) (Die Vermutung liegt nahe, dass es um die Laute des Esels geht: iii-aaaa; oder armer/alter Esel?).
Abgesehen von der eingeschränkten Verständlichkeit der Bilder: Die Lang-/Kurzvokale werden zusammen und anhand darstellbarer (Fremd-)Wörter präsentiert.

Die Hälfte der Repräsentanten ist aufgrund der enthaltenen Besonderheiten nicht empfehlenswert. Zudem sollen Silbenbögen eingezeichnet werden: *Af-fe (Trennung des Graphems, um etwas hörbar zu machen, was nicht hörbar ist) oder *Aff-e, *A-ffe, *Zebra, *Zeb-ra, An-an-as, *Ana-nas (Anna nass), *A-meis-e, *Am-eis-e ? 😉 Warum wird der Fokus der Aufmerksamkeit auf die Silbengliederung gelegt? Silbenbögen, um den „Buchstaben" und die Laut-Schriftzeichen-Relation kennenzulernen?

Wie oben erwähnt: Es ist ein *exemplarischer* Blick auf die gängigen Lernwörter im Anfangsunterricht, die in den Lehrwerken in Bezug auf ihre Struktur und Häufigkeit überprüft werden sollten.

19 Wortschatz, Phonem-Graphem-Relation und Fehlerverteilung zu dem Phonem /ə/

Das häufigste Vokalphonem (/ə/ verschriftet durch <e>; 42.440 vs. Platz 2: /a/, 19.247) wird als Schwa-Laut bezeichnet und findet sich in Endungen (meist mit grammatischer Funktion, z.B. *mein-meine*, *Fisch-Fische*) bzw. in Wortbausteinen (z.B. *be-such-e, ge-gang-en*). Leider ist der Schwa-Laut wenig bis gar nicht im Bewusstsein, da er in der Aussprache stets unbetont bleibt und oft getilgt wird.

Phonem	**Basisgraphem**
/ə/	<e>
3. Klasse	
Richtige Schreibung	16.741
Fehlschreibung	-
4. Klasse	
Richtige Schreibung	17.842
Fehlschreibung	-
5. Klasse	
Richtige Schreibung	7.657
Fehlschreibung	-
Richtige Schreibungen (42.440)	42.440
Fehlschreibungen (-)	
Gesamt (42.440)	**42.440**
Prozentwerte	**100 %**

Tab. 33 Basisgraphem zu dem Phonem /ə/

Der Status als Phonem ist nicht unumstritten (s. Ternes 2012; Corvacho del Toro/Thomé 2021), weil die Fähigkeit zur Bedeutungsunterscheidung nicht so eindeutig wie bei anderen Ph-G-Relationen gegeben ist bzw. die Aussprache je nach Graphemfolge zur Tilgung/Umlautung führen kann (<e>+<r> vs. <e>+<n> je nach Stellung im Wort, s.u.). Der Schwa-Laut findet sich nie im Anlaut, dafür in Endungen bzw. Wortbausteinen, die im Sinne der morphematischen Vermittlung einen guten Anker bieten. Der Schwa findet sich häufig als Einzelgraphem (Grundmorphem+e wie geh-e, Tag-e) oder in folgenden Graphemfolgen:

Suffix *-en* (<e>+<n>, z.B. ein-en) (13.953)
Affix *ge-* (<g>+<e>, z.B. ge-flog-en) (3.230)
Affix *be-* (<b>+<e>, z.B. be-kam-en) (502)

Die Graphemfolgen werden – je nach Stellung im Wort – unterschiedlich ausgesprochen bzw. „verschluckt“. Beispiele, die zeigen, dass *-en* vs. *en-* differenziert betrachtet werden müssen (phonemisch/phonetisch).

ein**en**	Phoneme	/ai̯/ /n/ **/ə/ /n/**	Phone	[ai̯nən]
Ende	Phoneme	**/ɛ/ /n/** /d/ /ə/	Phone	[ɛndə]

Häufige Wörter mit *-en:* u.a. haben/hatten, einen, werden/waren, gehen/gingen/gegangen, machen, spielen, fahren, fliegen, kommen/kamen, seinen/meinen, beiden, Morgen, unten, können, müssen (…)

Eine Besonderheit ist die konkrete lautliche Umsetzung der Graphemfolge *-er*, die sehr häufig ist:
Suffix *-er* (- <e>+<r>, z.B. Kind-er) (7.752)

Auch hier Beispiele, die zeigen, dass *er-* vs. *-er* differenziert betrachtet werden müssen (phonemisch/phonetisch).

Kind**er**	Phoneme	/k/ /ɪ/ /n/ /d/ **/ə/ /r/**	Phone	[kɪndɐ]
ertragen	Phoneme	**/ɛ/ /r/** t/ /r/ /a:/ /g/ /ə/ /n/	Phone	[ɛɐ̯tra:gn]

Die Graphemfolge <e>+<r> ist nicht *immer* ein wortbildendes Suffix/Affix (z.B. er-geb-en, Lehr-er) wie in *erst* /e:/ /r/ /s/ /t/ [e:ɐ̯st] *oder* *ernst* /ɛ/ /r/ /n/ /s/ /t/ [ɛrnst].

Wichtig: Es ist eine Graphemfolge, kein Graphem.

In den folgenden Übersichten sind die unselbstständigen Wortbausteine nicht als zusammenfassende Platzierungen aufgeführt, um die konkreten Wörter in den Blick nehmen zu können. Es werden zugunsten der Übersichtlichkeit auch nicht alle registrierten Flexionsformen/Zusammenschlüsse aufgeführt. Zusammengezogen decken die **Top 20** gut **36 %** der Einträge ab (die **Top 10** umfassen gut **27 %**).

Die Top 20 mit dem Basisgraphem <e>

1. eine/einen/einem/einer/eines (2.155)
2. habe(n)/hatte(-)/gehabt/hätte(-) (2.045)
3. meine(-), seine(-), ihre(-), deine(-), unsere(-), euer/eure(-), ihnen (Possessiv-/Personalpronomen) (1.800)
4. *werden/sein*: werde(-)/waren/wäre(-)/wurde(-)/würde(-)/ gewesen/ geworden (1.019)
5. sage(n)/(ge-)sagt(en) (944)
6. aber (836)
7. gehe(n)/ginge(n)/gegangen (724)
8. (ge-/be-)komme(n)/kamen/käme (533)
9. mache(n)/machte(n)/gemacht (495)
10. Mutter (457)

Platz 11-20
S/spiele(n)/(ge-)spielt(en) (446), wieder(-) (418), wollen/wollte(n) (406), (zu/nach) Hause/Häuser (360), alle (349), (ge-)fahre(n)/fuhren/ Fahrer (317), Eltern (289), (ge-)sehe(n)/sahe(n) (288), immer (282), Frage/frage(n)/(ge-/be-)fragt(en) (281)

Platz 21-50
Schule(n) (268), könn(t)en/konnte(n) (266), Vater (266), E/esse(n)/gegessen/aßen (258), müss(t)en/musste(n) (253), fliegen(de)/(ge-)flogen (238), Junge(n) (237), kleine(-) (228), befreundet/Freunde(n)/Freundinnen (224), Kinder (223), alles (215), andere/anderen/anderer (212), viele(-) (200), Wasser (198), keine(-) (197), Morgen/morgen (192), Steine (187), finde(n)/fanden/gefunden (182), kaufe(n)/(ge-)kaufte/Käufe (182), L/lebe(n)/lebte(n) (177), Zimmer(-) (175), (ge-)schlafe(n)/schliefen (167),Tage (162), nächste(-) (160), beide(n) (158), Geburt(-) (154), suche(n)/(ge-/be-)such(t)(en) (154), Vogel/Vögel (151), Jahre (147), guck(t)e(n)/geguckt (143)

Die **Top 50** bilden gut **51 %** der /ə/-Schreibungen ab. Die **Top 100** umfassen rund **66 %** der /ə/-Schreibungen.

Platz 51-100

heute (139), jede/jeder/jedes/jeden/jedem (137), später (133), über(-) (133), Mädchen (130), ganze(-) (128), Koffer (128), Sache(n) (128), hol(t)e(n)/geholt (127), große(-)/Größe (126), B/bade(-)/(ge-)badet(e) (124), Ende/(ge-/be-)endet (123), mögen/mochte/möchte(-) (122), oder (121), antworte/(g/be-)antwortete (120), denke(n)/dachte(-)/gedacht (119), springe(n)/sprangen/gesprungen/Sprünge (119), weiter(-) (119), diese(-) (118), schöne(-) (118), schwimme(n)/schwammen/geschwommen (113), breche(n)/brachen/gebrochen (112), lange(-)/Länge (109), (ge-)laufe(-)/liefen (109), nehme(n)/nahmen/genommen (109), gerade (107), Abend (105), Klasse(n) (104), Schwester (102), Stunde(n) (102), Bruder/Brüder (98), beste(r/n) (97), (ge-)geben/gaben (97), Gespenster (97), unter (96), freuen/freute/gefreut (95), Hilfe/helfe(n)/halfen/geholfen (95), unten (94), alte/ältere (93), (ge-)rufe(n)/riefen (92), W/wünsche(n)/wünschte/gewünscht (92), heiße(n) (91), Woche(n) (91), stehe(n)/(ge-)standen (90), bringe(n)/brachte(n)/gebracht (89), Lehrer(in)/lehren (89), Winter(-) (89), wissen/wusste(n) (87), sollen/sollte (85), wohne/wohnte(-)/gewohnt (85)

Weitere (**Top 200**):
ziehe(n)/(be-/ge-)zogen (85), zusammen (85), reden/(ge-)redet(e) (83), sitze(n)/setze(n)/saßen (82), warte(n)/(ge-)wartet(e) (81), höre(n)/hörte/zugehört (80), G/gute(-) (79), lache(n)/lachte(n)/gelacht (79), renne(n)/rannte/gerannt (79), runter (77), gerne (76), hinter(-) (76), neue(-) (76), wachte(n) (76), L/liebe/liebte (74), erste(-) (73), (ge-)geben/gaben (71), Katze(n) (71), oben (70), draußen (69), Name(n) (69), stelle(n)/stellte/ge-/bestellt (69), Bauer(-) (68), bestimmt (68), Dame (68), klauen/(ge-) klaute (67), packe(n)/(ge-)packt(en) (67), Geschichte(-) (66), Ferien (Fremdwort) (64), (ge-)fange(n)/fingen (63), Boden (62), (ge-)fallen/fielen (60), Fenster (60), Sommer (60), W/wunder(-)/(ge-)wundert (60), erzähle/erzählte (59), Menschen (59), Minute (Fremdwort) (59), Pause(n) (59), Schlüssel (59), Tiere (59), (-)Becken (58), (be-/ge-)merke(n)/merkte (58), gestorben/starben (58), bisschen (57), danke (57), Fernseher/fernsehen (57), gegen(-) (56), Zauber/zaubern (56), alleine (55), bauen/baute (55), bleibe(n)/(ge-)blieben (55), Ente(n) (55), Pferde (55), (-)Decke (53), gehören (53), S/sonne(n)/gesonnt (53), Tasche(-) (53), dürfen/durfte(n) (52), gewinnt/gewinnen/gewonnen (50), (ge-)lese(n) (50), (da-)neben (49), Rutsche/gerutscht/rutschen (49), Garten (48), lege(n)/legte/gelegt (48), Leute (48), streite(n)/(ge-)stritten (47), (des-) wegen (47), genau/genauso (46), (ge-)raubt(en)/Räuber (46), (be-/ge-) halte(n)/hielten (45), letzte(-) (45), spreche(n)/sprachen/Sprache/gesprochen (45), Straße(-) (45), arbeite/(ge-)arbeitet(e) (43), Feier/feiern/gefeiert (43), Meter (43), Meister (42), (wert-)volle(-) (42), weinen/weinte/geweint (42), Apfel/Äpfel (41), geschafft/schaffe/schaffte (41), B/bitte (40), Fische/fischen (40), lande(n)/landete (40), erschrecke/erschrocken (39), Hose (39), lerne(n)/gelernt (39), Treppe(-) (39), trinken/tranken/getrunken (39), zuhause (39), Diebe (38), Giraffe (Fremdwort) (38), (-) Hunde (38), leise (38), Palme(n) (38), arme/armer (37), funkeln(de) (37), (ge-)lasse(n)/ließen (37), lecker(e) (37)

Mit den **Top 200** sind **80 %** der Schwa-Laut-Einträge aufgeführt.

Weitere (in Auswahl): platze/platzte (37), Kleider/(be-)kleiden (36), welche(-) (36), Feuer (35), Küche (35), Auge(n) (34), Himmel (34), Kranken(-)/kranke (34), meiste(n)/meistens (34), schaue(n)/schaute/geschaut (34), Tante (34), kenne(n)/(be-)kannte (33), Karte(n) (33), Schlitten (33), Angel/angeln (32), (-)Aufgabe(n) (32), Blume(n) (32), dunkel/Dunkelheit (32), spazieren (32), Kiste (31), liege(n)/lagen (31), riesige(-)/R/riesen (31), Stimme (31), Drache (30) (…)

Die lautliche Fokussierung und Behandlung des Schwas im Anfangsunterricht ist unumgänglich: Es ist die (mit Abstand) häufigste Vokal-Ph-G-Relation und der Wegbegleiter für morphematische und grammatikalische Arbeit.
In (An-)Lauttabellen wird der Schwa-Laut als häufigste Ph-G-Relation der Vokale nicht explizit genannt, da diese Tabellen vom Schriftzeichen ausgehen (sprich: Buchstabe „e“ *E* wie „Eeeseeel“). Der Fokus der Aufmerksamkeit liegt auf dem Anlaut in *Esel* und *Ente* (mit Glück inkl. sinnvoller Unterscheidung der Vokallänge). Häufige Repräsentanten in Lauttabellen, die den Schwa enthalten (unabhängig von ihrer sonstigen Struktur und/oder Nützlichkeit für die Schriftaneignung): Esel, Ente, Ameise, Ampel, Apfel, Insel, Igel, Ofen, Hose, Sonne, Blume/Rose, Auge, Schere, Gabel, Jacke, Löwe, Wolke, Kerze, Nadel, usw.

Ein wenig überproportional sind Wörter mit der Graphemfolge -el vertreten. Die Endung *-el* (849) ist im Verhältnis zu *-en/-er* selten und diese Graphemfolge ist kein wortbildender Baustein, der im Anfangsunterricht nutzbar wäre. In der Auszählung finden sich u.a. (in Auswahl): Apfel/Äpfel, Angel, Beutel, behandeln, dunkel, edel, Flügel, Hügel, Himmel, Igel, Insel, jubeln, Kartoffel, Kiesel, Kugel, Möbel, Muschel, Nadel, Nudel, Onkel, sammeln, Schaukel, Schlüssel, Schnabel, schwindelig, Spiegel, Tafel, Vogel/Vögel, Wandel, Zettel, zweifeln. (…)

Im Anfangsunterricht ist zur Lautfokussierung die Endung -*e* vor -*en* zu wählen, da der Schwa bei -*en* eher verschluckt wird. Zur Lautdifferenzierung sollten das <e> für /ə/ in Wörtern wie Ende (Ente; lernen, L/leben; /ɛ/ /e:/ /ə/) markiert werden und/oder zunächst Wörter gewählt werden, die <e> nur einmal enthalten (<e> zu /ə/, /e:/ und /ɛ/), um eine eindeutige Lautzuordnung zu sichern. Die -*er*-Endung muss anhand frequenter Wörter (*Kinder*, *Mutter* (vs. *Mama*)) gesondert besprochen werden.

Tiere (als Oberbegriff) oder einzelne Tiere wie Löwe, Möwe, Biene, Frösche, Fische, Fliege, Raupe, Ameise – vor Ente oder Esel), bieten sich an oder häufig genutzte Wörter wie Schule, Blume, etc.

Der Schwa-Laut findet sich in vielen der vorgeschlagenen Wörter aus Band 1 und 2 des Grund- und Orientierungswortschatzes.

-e: 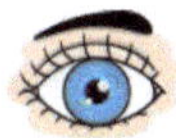     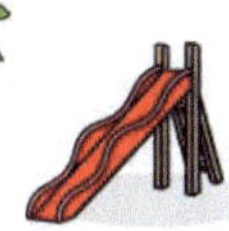 

-en:   + oft Mehrzahl s. -e z.B. 

-er: 

-el: 

Zur Erarbeitung der Phonem-Graphem-Korrespondenz bieten sich beispielsweise folgende Wörter/Wortbausteine an:

eine(n) meine/seine/deine(n) habe(n) (hatte)

F/frage(n) sage(n) rufe(n) laufe(n) suche(n) mache(n)

Schule Tage(n) Freunde blaue Hose rote Blume

Ende Tiere (Löwe, bunte Fische, Biene etc.)

ge-/be-frag-t

Wichtig ist, dass die Lautdifferenzierungsfähigkeit der SuS nicht zugunsten der *Buchstaben*-Fokussierung abtrainiert wird.

Fehleranfällig (im Sinne einer Vertauschung) ist der Schwa-Laut nicht. Es finden sich eher Auslassungen (z.B. *afl für Apfel) oder grammatische Fehler (*ein für einen) auf der Satz-/Textebene. Ob die Tilgung des Schwas bzw. ganzer Endungen auf die Nichtbeachtung in Schulmaterialien zurückzuführen ist, bleibt spekulativ, aber zu überdenken (vgl. a. Corvacho del Toro/Thomé 2021).

Literaturverzeichnis

Augst, G. & Dehn, M. (2009). *Rechtschreibung und Rechtschreibunterricht*. 4. Aufl. Seelze: Kallmeyer.

Comenius, J. A. (1657/1992). *Große Didaktik* (übersetzt und herausgegeben von A. Flitner). Stuttgart: Klett-Cotta.

Corvacho del Toro, I. (2017). Orthographische Prinzipien aus graphematischer Sicht. Eine neue Betrachtung. In: Siekmann, K./ Corvacho del Toro, I. & Hoffmann-Erz, R. (Hrsg.): *Schriftsprachliche Kompetenzen in Theorie und Praxis.* Festschrift für Günther Thomé. Tübingen: Stauffenburg, 61-70.

Corvacho del Toro, I. & Thomé, G. (2021): Meilensteine im Erwerb der deutschen Orthographie. In: *Lernen und Lernstörungen,* 10 (3), 169-180.

Duden (2023). Das Aussprachewörterbuch. 8., kompl. überarb. Aufl. Berlin: Dudenverlag.

DWDS – Digitales Wörterbuch der deutschen Sprache. Das Wortauskunftssystem zur deutschen Sprache in Geschichte und Gegenwart, hrsg. v. d. Berlin-Brandenburgischen Akademie der Wissenschaften, https://www.dwds.de/, abgerufen im November 2023.

Hoffmann-Erz, R. (2019). Die Wiederentdeckung des Grundwortschatzes. Darstellung einer erneuerten Konzeption. In: *Lernen und Lernstörungen*, 8 (3), 133-139.

Jansen, H. & Thomé, G. (1998). Entwicklung der /ε/-Phonemanalyse im ersten Schuljahr und ihr Zusammenhang mit der Wortschreibung. In: *Zeitschrift für Entwicklungspsychologie u. Pädagogische Psychologie,* 30, 20-25.

Kaeding, F. W. (1898). *Häufigkeitswörterbuch der deutschen Sprache.* Berlin: Selbstverlag.

Meier, H. (1967). *Deutsche Sprachstatistik.* Hildesheim: Olms.

Naumann, C. L. (1989). *Gesprochenes Deutsch und Orthographie: Linguistische und didaktische Studien zur Rolle der gesprochenen Sprache im System und Erwerb der Recht-schreibung*. Frankfurt: Peter Lang.

Naumann, C. L. (1999). *Orientierungswortschatz. Die wichtigsten Wörter und Regeln für die Rechtschreibung Klasse 1-6.* Weinheim: Beltz.

Naumann, C. L. (2017). Nachdenken über merk-würdige Orthographeme: Basis-, Orthographeme und Mitsprech-, Nachdenk-, Merkwörter. In: Siekmann, K.; Corvacho del Toro, I. & Hoffmann-Erz, R. (Hrsg.): *Sprachliche Kompetenzen in Theorie und Praxis.* Tübingen: Stauffenburg, 37-47.

Siekmann, K. (2011). *Der Zusammenhang von Lesen und (Recht-)Schreiben.* Empirische Überprüfung der Transferleistung zwischen der rezeptiven und der produktiven Fertigkeit. Frankfurt: Peter Lang.

Siekmann, K. (2013). *Individuelle Diagnose und Förderung bei Rechtschreibschwierigkeiten*. Berlin: Cornelsen Scriptor.

Siekmann, K. (2021). Wortschatz, Phonem-Graphem-Relationen und Fehlschreibungen bei dem Phonem /f/ in freien Schülertexten der Jahrgangsstufen 3-5. In: *Lernen & Lernstörungen* 10 (3), 161-167.

Siekmann, K. (2022a). *Kleine Wörter: in Texten ganz groß*. Ein neuer häufigkeitsbasierter Grund- und Orientierungswortschatz. In: Grundschule Deutsch 74, S. 24-26.

Siekmann, K. (2022b). *Schreibwortschatz in freien Texten. Ein Grund- und Orientierungswortschatz für den Schrifterwerb*. In: Deutsch differenziert 2/22, S. 18-23.

Siekmann, K. (2023a). *Grund- und Orientierungswortschatz für die Primarstufe.* Band 1: Konsonanten. 2. überarb. Aufl. Schönau: Siekmann Verlag.

Siekmann, K. (2023b). *Klein, aber fein. Die häufigen Wörter.* In: Deutsch differenziert, 4, 14-19.

Siekmann, K. (2024, i.V.). Individuelle Förderung bei Rechtschreibschwierigkeiten – Schriftspracherwerb neu denken! Schönau: Siekmann Verlag.

Siekmann, K. & Thomé, G. (2018). *Der orthographische Fehler.* Grundzüge der orthographischen Fehlerforschung und aktuelle Entwicklungen. 2. akt. Aufl. Oldenburg: isb.

Spitta, G. (2000). Welche Lernvorteile bietet die Arbeit mit einem Grundwortschatz? In: Valtin, R. (Hrsg.): *Rechtschreiben lernen in den Klassen 1-6. Grundlagen und didaktische Hilfen.* Frankfurt a. M.: Arbeitskreis Grundschule, 77-80.

Ternes, E. (2012). *Einführung in die Phonologie*. 3., überarb. Aufl. Darmstadt: WBG.

Thomé, G. (2006). Entwicklung der basalen Rechtschreibkenntnisse. In: Bredel, U. u.a. (Hrsg.): *Didaktik der deutschen Sprache*. Bd. 1. Paderborn: UTB, 369-379.

Thomé, G. (2019). *Deutsche Orthographie: historisch-systematisch-didaktisch*. 2. verb. Aufl. Oldenburg: isb-Fachverlag.

Thomé, G. & Thomé, D. (2023). *OLFA 3–9: Oldenburger Fehleranalyse für die Klassen 3–9. Instrument und Handbuch*. 7., überarb. Aufl. Oldenburg: isb-Fachverlag.

Thomé, G., Siekmann, K. & Thomé, D. (2011). Phonem-Graphem-Verhältnisse in der deutschen Orthographie. Ergebnisse einer neuen 100.000er-Auszählung. In: Schulte-Körne, G. (Hrsg.): *Legasthenie und Dyskalkulie: Stärken erkennen - Stärken fördern*. Bochum: Winkler, 51-64.

Thomé, G., Siekmann, K. & Thomé, D. (2016). Phonem-Graphem-Verhältnisse in der deutschen Orthographie. Ergebnisse einer neuen 100.000er-Auszählung. In: Hofmann, R./ Kalmár, M. (Hrsg.): *Lesen-Rechnen-Schreiben. Ein Handbuch*. Wien: Lernen mit Pfiff, 101-114.

Erwähnte Lehrwerke

Tinto „*Buchstabenhaus*“/Cornelsen Verlag (2011/2018)

Homepageverweis (Materialien)

www.katja-siekmann.de/verlag

www.isb-oldenburg.de

Phonem-Graphem-Verhältnissen der ***Vokale***

(sortiert nach Vorkommenshäufigkeit)

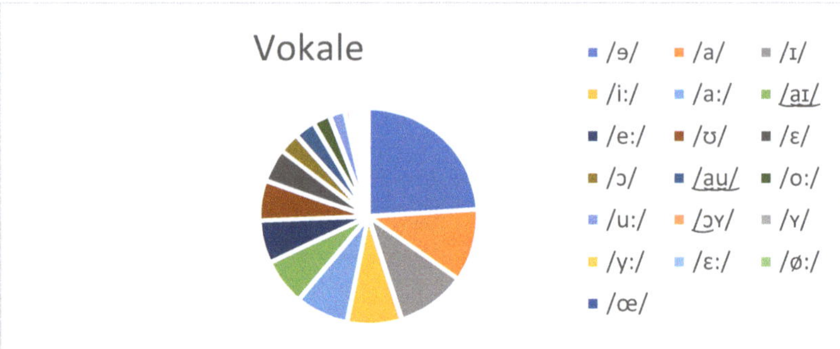

Abb. 34 Die Verteilung der Vokalphonem-Graphem-Relationen

	Phonem	BG	OG	OG	OG
1.	/ə/ (42.440)	e (42.440) 100 %			
2.	/a/ (19.247)	a (19.247) 100 %			
3.	/ɪ/ (18.199)	i (18.196) 99,98 %	ie (3) 0,02 %		
4.	/i:/ (14.350)	ie (10.647) 74,20 %	i (2.475) 17,25 %	ih (1.042) 7,26 %	ieh (186) 1,29 %
5.	/a:/ (13.839)	a (12.699) 91,76 %	ah (1.048) 7,67 %	aa (92) 0,67 %	
6.	/aɪ̯/ (12.265)	ei (12.216) 99,60 %	ai (25) 0,20 %	eih (24) 0,20 %	
7.	/e:/ (11.357)	e (9.291) 81,81 %	eh (1.819) 16,02 %	ee (247) 2,17 %	
8.	/ʊ/ (10.692)	u (10.692) 100 %			

9.	/ɛ/ (8.814)	e (8.286) 94,01 %	ä (528) 5,99 %		
10.	/ɔ/ (5.570)	o (5.570) 100 %			
11.	/au̯/ (5.505)	au (5.505) 100 %			
12.	/o:/ (4.471)	o (4.029) 90,11 %	oh (358) 8,01 %	oo (84) 1,88 %	
13.	/u:/ (4.129)	u (3.887) 94,14 %	uh (242) 5,86 %		
14.	/ɔ̯ʏ/ (1.422)	eu (1.127) 79,25 %	äu (295) 20,75 %		
15.	/ʏ/ (1.175)	ü (1.175) 100 %			
16.	/y:/ (1.099)	ü (834) 75,89 %	üh (265) 24,11 %		
17.	/ɛ:/ (1.094)	ä (762) 69,65 %	äh (332) 30,35 %		
18.	/ø:/ (912)	ö (787) 86,29 %	öh (125) 13,71 %		
19.	/œ/ (504)	ö (504) 100 %			

19 Phonem-Graphem-Korrespondenzen,
177.084 Relationen, davon **167.894 Basisgrapheme** (**95 %**) und **9.190 Orthographeme** (**5 %**).

Langvokale: 70.443 Einträge (40 %), Kurzvokale 106.641 (60 %).

Die **Orthographeme** (**5,2 %**) verteilen sich auf:
Längemarkierung mit -h (<eh>, <ah>, usw. insg. 5.441): **3,1 %**
Igel-<i> für /i:/ (inkl. Fremdwörter neben *wir, mir, dir,* 2.475): **1,4 %**
Doppelvokale (<ee>, <aa>, <oo>, insg. 423): **0,2 %**
<ä> für /ɛ/, <äu>, <ie> für /i/: **0,5 %**

Insgesamt (Vokale & Konsonanten) (vgl. a. Bd.1):

	Phonem	BG	OG	OG	OG	OG
1.	/n/ (50.281)	n (47.377) 94,22 %		nn (2.904) 5,78 %		
2.	/ə/ (42.440)	e (42.440) 100 %				
3.	/t/ (40.339)	t (29.493) 73,11 %	d (8.529) 21,14 %	tt (2.239) 5,55 %	dt (78) 0,2 %	th (16) a.K.
4.	/r/ (34.163)	r (34.078) 99,75 %				rr (85) 0,25 %
5.	/d/ (19.445)	d (19.427) 99,91 %				dd (18) 0,09 %
6.	/a/ (19.247)	a (19.247) 100 %				
7.	/ɪ/ (18.199)	i (18.199) 99,98 %				ie (3) 0,02 %
8.	/s/ (16.019)	s (12.361) 77,16 %	ss (2.391) 14,93 %	ß (1.267) 7,91 %		
9.	/l/ (15.858)	l (13.250) 83,55 %	ll (2.608) 16,45 %			
10.	/m/ (15.668)	m (13.799) 88,07 %	mm (1.869) 11,93 %			
11.	/i:/ (14.350)	ie (10.647) 74,20 %	i (2.475) 17,25 %	ih (1.042) 7,26 %		ieh (186) 1,29 %
12.	/a:/ (13.839)	a (12.699) 91,76 %	ah (1.048) 7,67 %			aa (92) 0,67 %
13.	/ç/ + /x/ (12.982)	ch (12.410) 95,59 %			g (572) 4,41 %	
14.	/a͜ɪ/ (12.265)	ei (12.216) 99,60 %			ai (25) 0,20 %	eih (24) 0,20 %
15.	/f/ (11.513)	f (8.634) 74,99 %	v (2.452) 21,30 %	ff (424) 3,68 %		ph (3) 0,03 %

16.	/eː/ (11.357)	e (9.291) 81,81 %	eh (1.819) 16,02 %	ee (247) 2,17 %		
17.	/z/ (11.045)	s (11.045) 100 %				
18.	/v/ (10.888)	w (10.811) 99,29 %				v (77) 0,81 %
19.	/ʊ/ (10.692)	u (10.692) 100 %				
20.	/k/ (10.564)	k (5.826) 55,15 %	g (3.294) 31,18 %	ck (1.421) 13,45 %	c (18) 0,17 %	ch (5) 0,05 %
21.	/g/ (10.161)	g (10.153) 99,92 %				gg (8) 0,08 %
22.	/ɛ/ (8.814)	e (8.286) 94,01 %		ä (528) 5,99 %		
23.	/b/ (8.626)	b (8.598) 99,68 %				bb (28) 0,32 %
24.	/ʃ/ (7.571)	sch (4.400) 58,12 %	s (3.171) 41,88 %			
25.	/h/ (7.064)	h (7.064) 100 %				
26.	/ɔ/ (5.570)	o (5.570) 100 %				
27.	/au̯/ (5.505)	au (5.505) 100 %				
28.	/t͡s/ (5.093)	z (3.951) 77,58 %	tz (1.129) 22,17 %		t (13) 0,25 %	(zz) (15) a.K.
29.	/oː/ (4.471)	o (4.029) 90,11 %		oh (358) 8,01 %		oo (84) 1,88 %
30.	/p/ (4.678)	p (3.519) 75,22 %	b (1.024) 21,89 %		pp (135) 2,89 %	
31.	/uː/ (4.129)	u (3.887) 94,14 %			uh (242) 5,86 %	
32.	/ŋ/ (3.030)	ng (2.476) 81,72 %	n (554) 18,28 %			

33.	/j/ (1.588)	j (1.588) 100 %				(y) (1) a. K.
34.	/ɔʏ/ (1.422)	eu (1.127) 79,25 %	äu (295) 20,75 %			
35.	/ʏ/ (1.175)	ü (1.175) 100 %				
36.	/y:/ (1.099)	ü (834) 75,89 %	üh (265) 24,11 %			
37.	/ɛ:/ (1.094)	ä (762) 69,65 %	äh (332) 30,35 %			
38.	/ø:/ (912)	ö (787) 86,29 %	öh (125) 13,71 %			
39.	/œ/ (504)	ö (504) 100 %				
40.	/p͜f/ (358)	pf (358) 100 %				
41.	/k͜s/ (125)	chs (63) 50,4 %	x (62) 49,6 %			
(42)	/k/+/v/ (21)	qu (21) 100 %				

	Basisgrapheme	Orthographeme
V (177.084)	**167.894** (94,8 %)	**9.190** (5,2 %)
K (297.080)	**260.702** (87,8 %)	**36.378** (12,2 %)
Gesamt (474.164)	**428.596** (90,4 %)	**45.568** (9,6 %)

474.164 Relationen, davon **428.596 Basisgrapheme** (**90 %**) und **45.568 Orthographeme** (**10 %**).

Bündelung der **Orthographeme** (exakt **9,6 %**, oben gerundet):
Doppelkonsonanz: **3,2 %** (1,6 % fallen auf <nn>, <tt> und <ll>)
Stammschreibungen bei Auslautverhärtung: **2,8 %** (*und* allein 1,1 %)
Markierte Schreibung bei Langvokal: **1,2 %** (0,8 % fallen auf <ih>: Pronomen *ihn, ihr* etc., <eh> und <ah> u.a. in *gehen/sehr/sehen, fahren/sah/Jahr*)
Weitere Besonderheiten/Einzelphänomene: **2,4 %** (i für /i:/, <s> für /ʃ/, <v> für /f/ etc.)

Liste der 100 häufigsten Wörter

Die folgende Liste zeigt die 100 häufigsten ***Einzel*****worteinträge** (ohne Zusammenschlüsse!). Bezogen auf die Auszählung (Korpus ohne Namen) bilden die **Top 100 knapp 56 %** aller Schreibungen ab.

1.	und	5.383
2.	die	3.235
3.	ich	2.736
4.	er	2.614
5.	sie	2.581
6.	der	2.344
7.	ein	1.890
8.	das	1.859
9.	ist	1.601
10.	es	1.547
11.	war	1.477
12.	wir	1.332
13.	in	1.312
14.	dann	1.157
14.	mit	1.157
16.	auf	1.116
16.	hat	1.116
18.	sich	1.055
19.	den	994
20.	nicht	907
21.	eine	890
22.	aber	836
23.	haben	828

24.	da	809
25.	sind	798
26.	als	710
27.	dem	689
28.	nach	669
29.	zu	640
30.	im	630
31.	auch	629
32.	sagte	614
33.	so	603
34.	du	602
35.	dass	582
36.	einen	574
37.	an	524
38.	am	506
39.	waren	499
40.	was	484
41.	hatte	482
42.	noch	472
43.	habe	462
44.	meine	457
45.	Mutter	457
46.	ja	432

47.	wieder	410
48.	sagt	390
49.	zum	387
50.	von	386
51.	aus	384
52.	jetzt	382
53.	Bett	371
54.	sehr	352
55.	alle	349
56.	ging	349
57.	weil	341
58.	wollte	333
59.	schon	332
60.	bin	330
60.	mein	330
62.	sein	322
63.	ins	320
64.	mir	318
65.	Mama	317
66.	einmal	314
67.	wie	307
68.	ihr	293
69.	einem	291
70.	immer	282
71.	Eltern	285
72.	um	279
73.	doch	272
74.	Hause	268
75.	ganz	265

76.	Vater	263
77.	einer	261
78.	kam	259
79.	nur	258
80.	zwei	249
81.	uns	246
82.	kann	242
83.	mich	239
84.	gehen	236
84.	Schule	236
84.	wenn	236
87.	bei	231
88.	Haus	228
89.	Papa	227
89.	wo	227
91.	Tag	223
92.	alles	215
92.	geht	215
94.	weg	213
95.	gegangen	206
95.	ihn	206
97.	danach	201
98.	denn	194
99.	mal	192
100.	gut	190

und
die ich er sie
der ein das ist es war
wir in dann mit auf hat sich
den nicht eine aber haben da sind
als dem nach zu im auch sagte so du
dass einen an am waren was hatte noch habe
meine Mutter ja wieder sagt zum von aus jetzt Bett
ging alle weil sehr wollte schon bin mein sein ins mir
Mama einmal wie ihr einem immer Eltern um doch Hause ganz
Vater einer kam nur zwei uns kann mich gehen Schule wenn bei
Haus Papa wo Tag alles geht weg gegangen ihn danach denn mal gut

Abb. 35 Die 100 häufigsten Worteinträge (Hervorhebung der Vokalgrapheme)

Abb. 35 hebt die Vokalgrapheme hervor, Abb. 36 die häufigsten Ph-G-Relationen auf Konsonanten-/Vokalebene: /n/ und /ə/.

und
die ich er sie
der ein das ist es war
wir in dann mit auf hat sich
den nicht eine aber haben da sind
als dem nach zu im auch sagte so du
dass einen an am waren was hatte noch habe
meine Mutter ja wieder sagt zum von aus jetzt Bett
ging alle weil sehr wollte schon bin mein sein ins mir
Mama einmal wie ihr einem immer Eltern um doch Hause ganz
Vater einer kam nur zwei uns kann mich gehen Schule wenn bei
Haus Papa wo Tag alles geht weg gegangen ihn danach denn mal gut

Abb. 36 Die 100 häufigsten Worteinträge (Hervorhebung von /n/ und /ə/)

Zusammenschluss Top 50

Für Vermittlungsprozesse sind verschiedene Zusammenschlüsse denkbar, auch wenn einzelne Flexionsformen eher selten sind.

1.	Personalpronomen (ich, er, sie (S./Pl.), wir, du, es, ihr)	11.705
2.	bestimmte Artikel (die, der, das; den, dem, des)	9.159
3.	Possessiv-/Reflexivpronomen (mein(-), mich usw.)	5.393
4.	und	5.383
5.	unbestimmte Artikel (ein, eine, einen, einem usw.)+ein-	4.624
6.	sein	3.754
7.	haben	3.322
8.	in/im, an/am	2.972
9.	zu/zum/zur	1.528
10.	gehen	1.365
11.	sagen	1.340
12.	auf/auf (-)	1.326
13.	mit/mit(-)	1.203
14.	dann	1.157
15.	kommen	1.133
16.	nach/(-)nach(-)	945
17.	nicht	907
18.	aber	836
19.	da	809
20.	Mutter/Mama	776
21.	als	710
22.	(-)Tag/Tage	714
23.	machen	699
24.	Haus(-)/Häuser	685
25.	auch	629

26.	fahren	617
27.	spiel-/Spiel-	612
28.	so	603
29.	wollen	602
30.	dass	579
31.	können	556
32.	sehen	554
33.	(-)mal	546
34.	werden	543
35.	aus/aus(-)	509
36.	noch	485
37.	was	484
38.	ja	432
39.	wieder(-)	418
40.	Kind/Kinder(-)	415
41.	müssen	410
42.	Freund(-)	403
43.	ganz (-e, -en, -es)	393
44.	fragen/Frage	390
45.	von	388
46.	fliegen	383
46.	jetzt	383
48.	viel/e/es	365
49.	sehr	352
50.	alle	349